LES GROTTES DE L'YONNE

LA
GROTTE DE NERMONT
ET LES GROTTES
de la Cure, du Vau-de-Bouche, du Cousain,
du Serain et de l'Armançon,

PAR

M. l'abbé A. PARAT.

Extrait du *Bulletin de la Société des Sciences historiques et naturelles de l'Yonne*, 1ᵉʳ Semestre 1908.

AUXERRE
TYPOGRAPHIE ET LITHOGRAPHIE Cʜ. MILON, RUE DE PARIS.

—

1909

LES GROTTES DE L'YONNE

Par M. l'abbé A. Parat.

LXXII, LXXIII

LA GROTTE DE NERMONT

Description

Deux grottes de la vallée de la Cure demandaient une attention spéciale : la Grande grotte d'Arcy, déjà longuement étudiée au point de vue géologique ; et la grotte de Nermont, fouillée à plusieurs reprises, au point de vue archéologique, en partie seulement. Pour la première, il fallait attendre des observations nouvelles, faites dans ses galeries et dans toute la région caverneuse dont elle n'est qu'un accident. Pour l'autre grotte, on devait attendre une enquête complète sur les collections sorties de ses chambres et l'exploration entière des cavernes du voisinage. On aura trouvé ainsi le précieux avantage de pouvoir décrire de *visu* la riche collection du docteur Ficatier qui fait maintenant partie du Musée des grottes ; de plus, on aura profité de la publication très appréciée du *Manuel d'archéologie préhistorique* de Joseph Déchelette, (Paris, Picard, 1908).

Nous laissons donc la côte mi-rocheuse et mi-boisée de l'anse de la Cure où s'alignent les grottes d'Arcy, et nous revenons aux grands escarpements dénudés de la Côte-de-Chair (1) formant la côte sud de l'anse, sur Saint-Moré. Cette

(1) Dans le plan géodésique de 1787 (Archives de l'Yonne) le bois de cette côte est nommé les Chards. On lit dans le Cadastre actuel : Côte-de-Chair et c'est ainsi que les habitants l'appellent. Mais les géologues depuis 1850 ont écrit : Côte-de-Chaux. Les cartes de l'Etat-Major et du Service vicinal ont fini par les imiter. D'après mes observations on va rétablir l'orthographe tradition-

bordure imposante et sauvage séduit les artistes : à l'exposition de 1878, on voyait « des vues charmantes, à la plume, des grottes de Saint-Moré », dues au talent de M. Adolphe Guillon, de Vézelay (1). Un groupe de rochers excavés, vu d'en bas, est surtout d'un effet des plus pittoresques. Son front proéminent, traversé par une longue déchirure, abrite la Maison où loge le troglodyte moderne, à 30 mètres au-dessus de la vallée ; puis en retrait, à 50 mètres, se dressent, à droite, le pilier évidé comme une cage qui forme l'entrée de la Roche-Percée et, à gauche, un massif, au sommet très déchiqueté et au flanc largement ouvert où se cache la grotte de Nermont.

Comme toutes les grottes de la Côte, Nermont est excavé dans le calcaire non stratifié du Corallien inférieur (Rauracien), tout à sa base. Il y avait là un riche gisement de faune et de mobilier de l'âge de la pierre polie ou néolithique, puis de l'âge du bronze et du fer ou métallithique (2) ; il s'y trouvait enfin de nombreux objets des époques gauloise, gallo-romaine et mérovingienne. Nermont néolithique peut être comparé au Trilobite paléolithique pour l'importance de la station ; mais le premier présente un intérêt tout particulier à cause de la rareté des gisements de cette nature. C'est qu'en effet les grottes paléolithiques, stratifiées et bien meublées, ne sont pas rares en France ; et les vallées de la Cure et de l'Yonne en fournissent un bon contingent. Mais les grottes néolithiques de même type se comptent, et notre région n'en présente qu'une, les autres gisements, assez nombreux, n'offrant que des objets sans caractère, disséminés dans un remplissage sans intérêt. C'est cette rareté, l'absence de stratification et aussi la fréquence des remaniements qui rendent si

nelle qui cache un sens ignoré (*Questions d'étymologie*, Bull. Soc. d'études d'Avallon, 1906).

J'ai donné pour la rivière du « Cousin » l'orthographe la meilleure, c'est-à-dire conforme à l'étymologie et à la tradition. Il faut résolument écrire Cousain comme on écrit maintenant Serain au lieu de Serein. (*Noms de rivières*, abbé Villetard, Bull. Soc d'études d'Avallon, 1904). *La rivière du Cousain*, conférence, abbé Parat, Avallon, 1909.

(1) *Matériaux pour l'histoire de l'homme*, 1878, p. 321.

( ) J'emploie sans prétention, et pour éviter une périphrase, ce terme nouveau pour désigner l'époque où le métal, bronze ou fer, est associé à la pierre.

difficile la classification des industries néolithiques, pour laquelle la grotte de Nermont eût apporté certainement une contribution de valeur si les fouilles eussent été faites toutes avec méthode. Quelle incomparable collection et quels importants documents notre Société aurait à produire si elle avait pris seule en main l'entreprise des recherches ! En recueillant toutes les notes et en rassemblant tous les inventaires connus des récoltes, peut-être sera-t-il possible de dégager la vérité sur cette belle grotte de la Côte-de-Chair. Mais il ne faut pas se lasser de dire que les Sociétés de province font trop travailler les imprimeurs. De belles collections ne vaudraient-elles pas mieux que des piles de bulletins.

Nermont ou Némon est le nom que l'on a donné récemment à la grande cavité fossilifère qui se trouve dans un enfoncement du massif à 100 mètres environ en aval des tunnels, au sommet d'une pente rocailleuse de 80 mètres de longueur et de 50 mètres de hauteur, au-dessus de la vallée, au pied d'un abrupt de 20 mètres d'élévation. On y arrive aujourd'hui aisément, grâce à un lacet et à une ouverture faite sur le côté du rocher par les chercheurs d'ocre. Autrefois, on y pénétrait, non sans danger, en descendant du haut par la cheminée ou en escaladant le ressaut de l'entrée.

Par le chemin du lacet, on arrive d'abord à l'Abri sous roche, (LXXII) de 14 mètres de largeur, qui se continue à l'extrémité par un couloir bifurqué, le Souterrain, de 20 mètres de longueur, qui était à l'origine, rempli d'argile ocreuse (Pl. I., fig. 1). On passe par l'ouverture faite à la mine qui donne accès dans la Salle de Nermont. C'est une galerie ovale, bien éclairée, mesurant 34 mètres de longueur sur 14 mètres de largeur maximum, son plafond s'élève, au milieu, à 7 mètres au-dessus du remplissage et à 12 mètres du sol rocheux.

Cette galerie, partout très sèche, a deux larges ouvertures ; l'une dans l'axe et formant seuil, de 3 mètres de largeur et de hauteur ; l'autre, sur le côté est aussi grande, toutes deux en plein midi. De là, on jouit d'un point de vue très beau dans la vallée de la Cure encadrée sur sa rive gauche par les collines de Cora et de Montmartre, et au loin par les premières pentes du Morvan. A l'époque romaine, on pouvait voir se profiler sur le premier sommet le rempart du

---

(1) « Nermont », sur le plan de 1787, marque seulement la bordure rocheuse située entre les tunnels et le hameau de Nailly.

camp des Sarmates, tandis que sur la pente voisine, de la rive gauche, se déroulait la voie d'Agrippa, sillonnée par les piétons et les courriers et quelquefois par les légions en marche. Aujourd'hui il ne reste que le pittoresque du paysage, c'est la rive droite, avec ses côtes arides, qui a hérité de l'animation que lui donnent la route nationale et la voie ferrée. La grotte de Nermont offrait donc aux peuplades pastorales et agricoles de l'époque néolithique un abri spacieux, éclairé, sain, agréable par sa position et de plus, bien défendu, toutes choses qui étaient recherchées déjà, ainsi que l'observation le constate. Les populations des époques historiques anciennes l'ont aussi visitée ; mais, au moyen âge et depuis, la frayeur en éloignait tout le monde. Cependant un dicton veut que « Ville-Auxerre et Nermont valent Paris et Dijon » (1), ce qui se rapporte peut être à la légende du veau d'or caché dans les roches creuses ou ailleurs.

La grotte se compose de plusieurs parties auxquelles on donnera des noms pour la facilité de la description (Pl. I, fig. 1). Par devant, du côté droit, il y a la Terrasse débordant le seuil, de 8 mètres de largeur, abritée par une voûte portée sur trois piliers ; elle est entièrement ouverte et domine un abrupt de 20 mètres de hauteur. A côté, en revenant dans la salle, on voit un canal double, les Cheminées, traversant le massif, pour aller s'ouvrir sur le sol supérieur. Un de ces canaux a 18 mètres de hauteur sur 2 à 4 mètres de largeur ; l'autre, séparé du précédent, en partie, par une cloison de 3 à 4 mètres d'épaisseur, est moins haut et plus large. Au pied de ces Cheminées une énorme coulée de blocs de toute grosseur et d'arène calcaire des pentes s'étend du bord supérieur jusqu'au sol rocheux dont elle a comblé deux fosses profondes du plancher.

L'une de ces fosses va déboucher au seuil entre deux piliers dans une cavité formant une petite grotte à demi-voûtée, le Caveau, c'est elle que l'on voit en contre-bas à l'entrée de Nermont, à droite : on y a trouvé un curieux gisement romain.

L'entrée de la Galerie proprement dite (Pl. I, fig. 2 et 3), sur 10 mètres de longueur, a son plancher horizontal uni, et son plafond, placé à 3 mètres de hauteur, de même allure,

---

(1) J'ai entendu un pareil dicton auprès de Marigny-l'Eglise (Nièvre) ; on l'exprimait ainsi : « entre Chezelles et le Mont, il y a des trésors qui valent Paris et Dijon ».

comme si l'on était dans les calcaires stratifiés. Puis le sol rocheux s'enfonce brusquement et forme un entonnoir, la Fosse, qui descend à 5 mètres au-dessous du plancher. La paroi de droite tombe abrupte, sur les autres côtés, elle forme une pente plus ou moins forte. La voûte de la Fosse, élevée de 12 m. au-dessus du fond, est très accidentée ; la corrosion y a creusé de petites cheminées, découpé des pans de roche aux formes bizarres et formé des pendentifs qui semblent ne tenir à rien. Les parois de la Fosse sont également excavées et perforées à la base ; des blocs se sont séparés de la masse à laquelle la poussée des éboulis les tient accolés. C'est grâce à ces excavations, faisant l'office de coffres, que des vases de la poterie la plus primitive et la plus fragile ont pu arriver intacts jusqu'à nous, tandis qu'ailleurs, il n'est rien resté d'intact.

La Galerie se continue à gauche, à son extrémité, par un cul-de-sac, le Recoin, de 10 mètres de longueur sur 5 de largeur maximum, ayant comme elle une cheminée et un puits correspondant, mais de médiocres dimensions. Le Recoin communique, à 2 mètres de hauteur, à un couloir de 10 mètres et plus qui n'est qu'un boyau de 1 mètre de largeur et de 60 à 80 c. de hauteur.

Le remplissage de Nermont présente un intérêt particulier : le premier dépôt est celui qui se voit dans les grottes voisines, à la Roche Percée, aux Vipères, au Couloir, etc., ce sont des argiles et des sables d'alluvion, mais en couche très mince dans la Galerie, en amas dans le Recoin où ils ont encombré le passage du Couloir. Le remplissage détritique, qui recouvre tout, est semblable à celui des autres grottes, ce sont des blocs de roche, de la pierraille et de l'arêne calcaire, mais leur origne est différente. Partout ailleurs, ce sont les parois qui en se dégradant lentement ont formé la couche pierreuse ; et l'argile, venue du dehors par les eaux fluviales ou plus souvent d'infiltration, a pénétré et consolidé la masse. Ici, tout est un produit d'origine externe : la coulée d'éboulis de la Cheminée indique clairement quel phénomène a eu lieu. La roche, fissurée en plusieurs endroits, a subi des décollements ; par suite, des pans énormes se sont écroulés à une ou plusieurs reprises, entraînant dans leur chute la nappe d'arêne des pentes accumulée sur le sommet ; c'est cette masse qui a formé le remplissage de la Fosse. Le déblai complet m'a fait connaître l'exactitude de cette observation : le fond de l'entonnoir, à 5 mètres de profondeur, était vide sur 1 mètre de hauteur, recouvert qu'il était par une grande dalle sur laquelle s'étaient entassés les éboulis portant les premiers foyers néolithiques (Pl. I, fig. 3). Le plafond de la grotte n'avait donc pas fourni de détritus appréciables ; il était resté tel que la corrosion l'avait fait. D'autre part, l'établissement de la cheminée ou plutôt son agrandissement par l'éboulis s'était effectué vers l'époque néolithique, c'est-à-dire au retour du climat humide.

C'est avec ces données précises, particulières à Nermont, qu'il faut interpréter les découvertes qu'on y a faites. Ainsi, l'on ne pourrait pas dire sûrement, comme on le fait pour les autres grottes à remplissage interne, « qu'une assez grande épaisseur de pierres et de terres séparant la couche profonde de la suivante indique que le séjour de l'homme avait été assez longtemps interrompu ». (Ph. Salmon, *Dictionnaire des sciences anthropologiques*, p. 921). Deux arrivées d'arène produites par deux décollement ou par deux ruissellements ont pu produire de tels résultats à des intervalles rapprochés.

Dans la Galerie cependant, à l'entrée, on a trouvé un remplissage provenant des éboulis des parois, là où la roche avait quelques indices de stratification ; mais la couche ne dépassait pas 50 c. d'épaisseur. C'est dans ce remplissage d'origine diverse que des foyers, des débris de faune et d'industrie étaient disséminés (1) plutôt que réunis en lits réguliers, et la répartition en était fort inégale. La Terrasse était presque stérile ; la Cheminée a fait reculer tous les explorateurs avec sa coulée énorme d'éboulis : il ne pouvait y avoir de stationnement possible sous un pareil déversoir. De fait, les fouilles que j'ai tentées aux abords ne m'ont jamais rien donné. La Salle, à l'entrée, était assez riche ; mais à l'extrémité et dans le Recoin on a trouvé peu de chose. L'endroit favorisé était la Fosse, de 100 mètres carrés environ de surface superficielle et de 4 mètres de remplissage au milieu. Cette cavité représente assez bien l'installation que les hommes de cette époque se faisaient eux-mêmes dans le sol ancien des cavernes, dans les alluvions des vallées et dans les argiles des plateaux. Ils avaient là un fond de cabane naturel, et la suite de la description montrera qu'ils l'ont fréquenté sinon habité longtemps.

(1) Renseignements donnés par le docteur Ficatier.

Quant à l'importance du gisement, il ne faut pas l'exagérer ; et les données qui précèdent aideront à l'évaluer. Ce n'est pas 2.240 mètres carrés qu'il faut donner à la grotte (1), mais seulement 550, au maximum, ainsi que le plan en fait foi ; et l'abondance n'était que dans la Fosse en entonnoir, ce qui en restreint encore de beaucoup l'étendue et le volume.

Historique.

La grotte de Nermont attira de bonne heure la curiosité. En 1852 (2), MM. Baudoin et Quantin, après une visite aux premières fouilles exécutées à la grotte des Fées par M. Robineau-Desvoidy, firent une excursion à la Côte-de-Chair et descendirent dans la caverne par la cheminée. Ils trouvèrent sur le sol « de la poterie d'apparence gallo-romaine et trois monnaies de billon du Bas-Empire ». On ne parle plus de Nermont jusqu'en 1873, la grotte des Fées ayant dans l'intervalle, absorbé l'attention des chercheurs.

MM. Bonneville, Berthelot et Grenet furent les premiers à donner le coup de pioche, alors que le remplissage était intact et les débris de la surface « couverts d'une légère couche de poussière, comme si les habitants en sortaient d'hier ». Le résultat fit soupçonner des richesses de tout genre, et la Société des sciences entreprit des fouilles en novembre 1874, octobre 1875 et 1876, en tout six jours. Elles furent faites sous la direction de M. Berthelot, licencié ès-sciences naturelles, avec le concours de MM. Cotteau, Bonneville, Bazin, Lambert, Monceaux (3). Après eux, vint en 1884 M. Edmond Feineux, puis M. le docteur Ficatier avec MM. Boulard et Thiercelin en 1884 et 1885. M. Ficatier étudia « avec tout le soin et la méthode possible » les couches restées intactes, y récoltant encore de nombreux et curieux objets (4). Les chercheurs d'ocre y firent aussi quelques fouilles avec M. Lucien Guyard et son contre-maître M. Gustave Guignepied, de

---

(1) *Dictionnaire archéologique de l'Yonne*, Ph. Salmon, p. 312, Bull. 1878.
(2) Bull. 1853, p. 238. C'est ainsi que j'indique partout, simplement, le *Bull. de la Soc. des sciences de l'Yonne*.
(3) Bull. 1876, p. 172.
(4) Bull. 1885, p. LXIX ; 1886, p. V.

Saint-Moré. Enfin, car la mine semblait inépuisable, le père Leleu, un des ouvriers de l'ocre, fixé dans la grotte de la Maison, remua les terres plusieurs années et trouva le moyen de fournir à plusieurs collections particulières : MM. Crépey, d'Avallon ; Mulon, de Paris ; Maison, de Châtel-Censoir, etc. et surtout M. l'abbé Poulaine, curé de Voutenay, furent ses clients, ce dernier possède une des plus considérables de Nermont.

Pouvais-je espérer « de glaner après les poules » comme disaient mes ouvriers, je n'y comptais guère ; mais j'avais pour programme de fouiller toutes les grottes et de chercher, à défaut d'objets de collection, les documents de l'histoire. J'ai trouvé les uns et les autres grâce à un déblaiement complet et aux yeux impeccables de mes ouvriers : l'un d'eux M. Louis Collinot, était capable de trouver sans lumière une aiguille au fond de la Fosse : il avait dû avoir une fée pour marraine ! Les matériaux étaient apportés au seuil et triés à la main ; les moindres anfractuosités étaient explorées ; et une petite cavité intacte me livrait un intéressant mobilier. Ces fouilles eurent lieu en 1897.

Une grotte, dont le remplissage aurait été rapide, pourrait ne contenir qu'une faune et un mobilier, débris d'un même peuple, et, dans ce cas, des fouilles faites sans méthode donneraient encore un résultat passable. Ce cas est l'exception : il se trouve presque toujours deux ou plusieurs couches nettement marquées par la stratification ou des niveaux indiqués par la différence de faune ou d'industrie. Dans cette prévision, l'explorateur doit toujours faire acte de géologue et déblayer avec ordre, car il faut arriver au résultat scientifique, c'est-à-dire à la classification. C'est là ce qu'ont fait MM. Berthelot et Ficatier, et leurs recherches, éclairées par les inventaires des collections, permettront d'établir d'une manière assez satisfaisante la filiation des peuplades préhistoriques de Nermont.

On a peu écrit sur cette grotte ; on trouve une notice du docteur Ficatier, mais qui vise spécialement le mobilier de terre cuite : *L'époque et les poteries campiniennes de la grotte de Nermont,* Auxerre, Gallot, 1880. On a des notes assez courtes insérées dans le Bulletin par MM. Berthelot et Ficatier, et par ce dernier dans le Compte-rendu de l'Association française pour l'avancement des sciences, Congrès de Besançon, 1885. M. l'abbé Poulaine, qui a sauvé de la dispersion une foule d'objets intéressants, a inséré une petite notice dans *Les grottes quaternaires de Saint-Moré,* Avallon, Odobé, 1890. Ce sont des généralités avec de rares détails sur Nermont lui-même. L'auteur, dans ses descriptions de grottes, n'a jamais annoncé des fouilles faites par lui-même ou sous ses ordres ; et cela est trop visible pour Nermont dont il fait « un abri des temps quaternaires contenant dans les couches inférieures une faune à peu près identique aux autres cavernes, c'est-à-dire en majeure partie les animaux quaternaires (1) ». Il est clair que l'habile archéologue, s'il a reçu de tels ossements de Nermont, a été joué cette fois par son fournisseur habituel.

Les premières fouilles annoncées plus haut et faites sous la direction de M. Berthelot eurent leur rapport inséré dans le *Bulletin* de 1876, p. 172 et reproduit par le *Dictionnaire d'Archéologie préhistorique de l'Yonne* (art. Saint-Moré) et de même dans les *Matériaux pour l'histoire de l'homme,* 1875, p. 504. En voici la partie importante. « Les premières recherches rencontrèrent des objets que l'on a rapportés à l'époque mérovingienne, puis une sépulture gallo-romaine. Là, tout était remanié ; mais plus loin, (plus bas sans doute) les lignes de foyers se montrent intactes. A la profondeur de trois mètres, est le foyer inférieur, le plus important à la fois par son épaisseur, de quarante centimètres et plus, en certains endroits, et aussi par les restes qu'on y a recueillis, de fort beaux silex (généralement type couteau), deux vases assez complets, de forme presque ronde. La majorité des poteries de ce niveau nous paraissent un peu plus grossières que celles de la partie supérieure. Des silex de toutes les formes, grattoirs, perçoirs, couteaux, petites flèches, javelines, types de transition rappelant la pierre taillée, des poteries très nombreuses, variées, des poids pour la pêche, des rondelles en terre cuite percées, ayant pu servir d'ornement, une belle hache polie en serpentine (type des environs d'Abbeville) et des fragments provenant des niveaux supérieurs... ; des vases plus ou moins ornés avec l'ongle, munis d'anses aux formes multiples, des cuillers avec un manche terminé en pointe ; tantôt ce sont des poinçons effilés ayant dû servir d'aiguilles, sur d'autres des stries parallèles, des côtés visiblement échancrés. Des morceaux de granit ayant dû être

---

(1) *Les grottes quaternaires de Saint-Moré,* p. 13, 23, 24.

employés comme marteaux et comme meules, des coquilles de moules de rivière percées d'un trou. Ajoutons de nombreux restes de cuisine, des os longs généralement fendus, les os pleins étant intacts. Sanglier, bœuf, chevreuil, cerf, etc., telles sont les espèces auxquelles tous ces restes se rattachent ». Le rapport adressé aux *Matériaux* ajoute pour la faune, le chien ou le loup, des os de gallinacés, des écailles de poisson.

Les observations de M. le docteur Ficatier sont plus explicites : on a de lui trois communications à la Société des sciences, la première à la séance du 1er novembre 1885 ; elle annonce comme récolte « des couteaux en silex, des haches en jadéite, des dents perforées, des valves de coquilles provenant d'espèces des bords de la mer, des ornements variés, des poteries faites à la main et contenant encore des noyaux de courgelles ainsi qu'un moule à anneau de l'époque du bronze. La deuxième communication, à la séance du 10 janvier 1886, fait connaître qu'un *diverticulum* inexploré lui a donné « au milieu de débris de foyers, plusieurs vases à anses fabriqués à la main et provenant de l'époque robenhausienne, des instruments en corne de cerf, en os et en silex, des grattoirs, des fragments de bracelets en pierre et des lampes en terre cuite ». « La plupart des types rencontrés sont identiques à ceux déposés au Musée d'Auxerre ou placés dans la collection de M. le docteur Grenet ». Une dernière communication faite à la séance de février 1889 a pour but de montrer la similitude du mobilier de Nermont avec celui de Campigny (Seine-Inférieure) et d'en conclure que la couche profonde de la grotte forme la transition entre les deux époques de la pierre. Cette période prendrait le nom de *campinienne*.

Le rapport le plus complet de ces recherches se trouve, comme il a été dit, dans le compte-rendu du Congrès de Besançon, 1885, où M. Ficatier l'a présenté ; il a été inséré dans le *Dictionnaire des sciences anthropologiques*, article *poterie*, par Ph. Salmon. Je donne ce rapport exactement dans sa substance, mais en le disposant sous la forme d'un tableau qui montrera le rapport des couches, faisant remarquer que deux couches intermédiaires stériles ont une épaisseur indéterminée.

0ᵐ50 cent. *Terres remuées.* *Cailloux roulés.* Couche 1.	*Poterie* nombreuse paraissant celtique par la forme et l'ornementation, rondelle de terre cuite percée au centre, pesons de fuseaux. *Bronze*, bracelet fragmenté, anneau fragmenté, épingle de 0,15 centimètres de longueur. *Fer*, clous. *Marbre*, disque très poli, anneau fragmenté ou bracelet de même matière.
0ᵐ10 cent. *Terre jaune.*	Couche stérile.
0ᵐ20 cent. 1ᵉʳ *Foyer.* Couche 2.	*Poterie* abondante, variée, assez bien ornée, pâte assez fine, vase presque entier fait au tour contenant 50 noyaux de cornouiller. *Silex* nombreux, grattoirs, pointes, couteaux, 4 pointes de flèche en feuille de laurier, très artistement taillées et fort bien conservées. *Haches*, fragment en jade, une en granit du Morvan d'un polissage inachevé. *Os*, poinçons nombreux, dents percées : 2 canines de loup, 1 canine d'ours, 1 incisive de cerf, 1 dent de carnassier, trou ébauché. Coquille d'anodonte percée.
« Couche épaisse » *Pierres et terres.*	Couche stérile.
0ᵐ30 cent. 2ᵐᵉ *Foyer.* *Cendres.* Couche 3.	Mêmes objets à peu près que la couche précédente : *Poterie* d'apparence plus grossière, d'ornementation plus primitive. *Silex*, éclats plus nombreux. *Os*, bois de cerf et de chevreuil en assez grande quantité.
« Couche assez épaisse » *Terres et pierres.*	Couche stérile.
0ᵐ50 cent. 3ᵐᵉ *Foyer.* *Terres, pierres, cendres tassées.* Couche 4.	*Poterie*, nombreux fragments d'une pâte grossière, grossièrement façonnés, sans ornementation ou seulement à l'ongle, 2 vases en forme de calotte de forme primitive. *Silex* : nombreux éclats, grattoirs, perçoirs, lames se rapprochant du type magdalénien, scie à coches latérales en silex du Grand-Pressigny. *Galets* percuteurs et broyeurs, ocre rouge, sanguine râclée. *Os* : poinçons, poignard, bois de cerf percé, un taillé en polissoir, nombreux bois de cerf et de chevreuil. *Faune* : mêmes espèces que dans les autres couches.

Dans ce rapport, il n'est pas question de tranchets ; mais plus tard, en 1889, le docteur Ficatier, dans sa notice sur *L'époque et les poteries campiniennes* de Nermont (p. 5 et 7), annonçait la récolte de plusieurs tranchets sur le sol naturel, sans mentionner toutefois les circonstances de cette nouvelle découverte. « Immédiatement, dit-il, au-dessus du gravier de rivière dépourvu d'objets ayant appartenu à l'homme, sa première installation apparaît à la base du premier foyer (1), des grattoirs, des lames et des perçoirs moins épais et plus fins que ceux de l'époque néolithique ou robenhausienne, mais inférieurs comme élégance à ceux de l'époque magdalénienne, nous avons trouvé plusieurs exemplaires d'un instrument spécial et dont la découverte en cet endroit est des plus importante : je veux parler du tranchet (suit la description du tranchet, sa répartition). « Or, pour la couche inférieure de notre grotte de Nermont, nous retiendrons qu'elle contenait une assez grande quantité de tranchets et en même temps nombre de silex taillés ayant conservé la tradition magdalénienne ».

D'après les observations de l'auteur, on voit donc, par le tableau, que la couche, (partant toujours de la base) est un niveau de la pierre pure, franchement néolithique, représentant l'industrie à ses débuts, ainsi que l'indiquent les tranchets et la poterie. La couche 3 est aussi nettement caractérisée comme un milieu pénétré de l'industrie du bronze, avec sa poterie fine, ornée et ses pointes de flèche « en feuille de laurier, très artistement taillées ». La couche 2 intermédiaire peut faire un doute ; d'un côté ce sont les mêmes objets que dans la couche précédente ; d'un autre, la poterie est plus grossière et moins ornée. On peut y voir une transition, c'est-à-dire une couche néolithique supérieure. La couche 4, avec sa poterie « paraissant celtique », ne peut être que contemporaine de l'introduction du fer.

Il est nécessaire ici, ayant les preuves sous les yeux, de relever une notable inexactitude du *Dictionnaire des sciences anthropologiques* sur le remplissage fossilifère de Nermont qui ne s'explique pas puisque les niveaux sont fidèlement indiqués (au mot *tranchet,* p. 1.065 et *robenhausien,* p. 962, de Ph. Salmon). Il est dit : « qu'à la grotte de Nermont, la base renfermait plusieurs tranchets sous trois couches de séjours néolithiques distincts » ou « trois couches robenhausiennes

---

(1) Ce premier foyer correspond au troisième du tableau où la série commence par le haut, selon la description de l'auteur.

séparées par des intervalles stériles ». On voit qu'il n'en est rien. Cette correction était utile pour guider dans l'appréciation de la durée relative des époques représentées à Nermont ; car, il semble bien que là et, d'ailleurs, dans tous les gisements de la pierre polie du bassin de l'Yonne, on a les indices d'une prompte arrivée de la connaissance des métaux.

Mes recherches personnelles m'ont fait trouver un seul endroit intact, sur un côté de la Fosse, au pied de la paroi abrupte de droite (Pl. I, fig. 3). C'est une petite cavité abritée par un bloc qui était décollé mais maintenu par une masse d'arène en place. La cavité, de 1 m. 50 de longueur, est à 50 cm. au-dessus de la dalle du fond formant sol rocheux. J'y ai recueilli, dans une couche peu épaisse de terre pierreuse, une poche en poterie commune à queue plate (Pl. III, fig. 17) un tesson de poterie à glaçure noire, une pointe de flèche à base droite, des poinçons en os, une coquille d'anodonte percée. La poche, que M. Cartailhac appelle un creuset, lui paraît indiquer la présence du métal ; la poterie à glaçure et la pointe de flèche auraient la même signification, mais, à la rigueur, ces deux petits objets ont pu glisser d'un niveau supérieur par la fissure du bloc décollé. En résumé, cette découverte ne fournit pas une donnée positive, et la couche 2 reste avec une certaine obscurité.

La classification de Nermont ne peut donc se faire sans des réserves puisqu'un seul explorateur a distingué des niveaux et n'apporte qu'une partie des éléments nécessaires à la détermination. Il se présente d'ailleurs deux difficultés particulières à Nermont : le remplissage est venu du dehors par coulées, envahissant d'abord les parties de la Fosse les plus proches des Cheminées ; de là inégalité et irrégularité des couches. Aussi j'attribuerais volontiers à cette cause la présence d'un vase fait au tour (s'il était véritablement tel) dans un niveau et avec un mobilier de poterie qui n'en comporte pas. De plus, dans une fosse à plans inclinés, il n'en est pas comme d'un plancher horizontal se recouvrant assez également des détritus des parois ; on peut admettre une installation de foyers ou un dépôt d'instruments par les premiers occupants à toutes les hauteurs, de sorte que l'industrie de la pierre pure pourrait se trouver mêlée avec celle des époques postérieures. On peut même supposer la visite des hommes de l'époque paléolithique et l'introduction de quelques pièces de leur mobilier. C'est ainsi qu'un fragment de côte, de 10 cm. sur 6, que j'ai trouvé, a été rapporté par M. Boulé à une grande espèce des temps quaternaires. Est-elle venue du dehors avec les arènes (1), a-t-elle été déposée par les primitifs de cette époque ? C'est la seule pièce sûrement étrangère au néolithique que j'ai trouvée ; cela suffit pour commander la prudence dans notre classification.

Faune et mobilier

Mes récoltes d'ossements concordent tout-à-fait avec celles de mes devanciers ; la faune de Nermont est toute de l'époque actuelle. Les débris sont d'une conservation et d'une fraîcheur telles qu'on pourrait les croire de l'époque romaine, ce qu'ils doivent à la sécheresse complète de la grotte. Ils sont assez souvent intacts et les os cassés le sont plutôt transversalement. Comme dans les gisements paléolithiques, ce sont toujours les mêmes os longs qu'on y trouve, rarement les côtes, plus rarement des fragments de crâne.

La grande quantité et l'étude des ossements m'ont permis, grâce à la détermination faite par MM. Dupont et Boule, de compléter la faune donnée par mes collègues. Ce sont le loup, le chien, le renard, la fouine, la loutre, l'ours brun, le blaireau, le castor, le lapin, le cheval, le bœuf, la chèvre ou le mouton, le cerf élaphe, le chevreuil, le sanglier ou le cochon, des oiseaux, des poissons, des moules de rivière. Il y a quelques ossements humains, mais ils peuvent être attribués à la sépulture historique indiquée plus haut.

D'après les débris recueillis, on voit que les animaux qui ont fourni le plus à l'alimentation sont le bœuf et le sanglier ou le cochon ; puis viennent la chèvre ou le mouton et le cerf ; il y a peu de chevreuil et encore moins de cheval. Le loup, le renard et le blaireau ont fourni plusieurs maxillaires inférieurs qui ont dû se trouver près des foyers. Le chien domestique, avec ses deux petits ossements, n'est pas aussi sûrement préhistorique. De l'ours brun, on a plusieurs canines, elles sont plus courtes et moins aiguës que celles de l'espèce des cavernes. Le castor est représenté par un humérus entier d'une telle fraîcheur qu'on peut le croire plus ré-

(1) Belgrand a trouvé un os d'éléphant dans les arènes calcaires à proximité du tunnel, à 300 mètres de Nermont.

cent que les autres débris. Le lapin, assez rare, est bien de l'époque de la pierre, car ses métacarpiens ont été transformés en pendeloques. Le cheval est indiqué seulement par une molaire et trois petits os ; c'est une observation à ajouter aux autres qui le montrent toujours très rares dans les niveaux néolithiques et métallithiques. Les espèces alimentaires, bœuf, cochon, cerf, mouton fournissent d'assez nombreuses machoires inférieures et leurs canons ont servi à façonner des poinçons et des poignards. Des oiseaux de taille moyenne ont laissé quelques débris. Les poissons, dont les terres sèches ont pu conserver le squelette cartilagineux, sont faiblement représentés : il y a des vertèbres de saumon qui servaient aux colliers, des arêtes, des dents du pharynx de la famille des Cyprinidés : carpe, barbeau ou tanche. Il faut citer des mollusques, les coquilles de mulettes et d'anodontes ; M. Ficatier a parlé dans une communication de coquilles marines, mais son rapport au Congrès de Besançon ne les mentionne pas et sa collection n'en contient pas.

On est réduit, pour le mobilier, à donner l'inventaire des collections particulières et à en tirer, non sans réserves, des inductions qu'une fouille unique et normale aurait mis peut-être en pleine lumière. Ces collections sont nombreuses, mais peu, je crois, auront échappé à mes recherches.

1. La collection de *M. Marcel Bonneville* serait-elle allée à des amis ou au Musée, je n'y ai trouvé que quelques objets : 1 hache en gneiss grossière, 1 hache en silex courte, polie, 1 grande cuiller cassée, 1 fragment de couvercle de pot orné de lignes.

2. Le *Musée d'Auxerre* s'est enrichi des fouilles faites par MM. Berthellot, etc. Il possède, en *silex* : 12 lames de 6 à 12 c., 1 grand racloir plat de 10 c. sur 4, 2 beaux racloirs trapézoïdes, le plus grand, de 7 c. sur 5, 3 pointes de flèche en feuille de saule, à base droite ou concave ; en *pierre* : 1 hache de grès polie de 7 c. sur 5, 3 fragments dont l'un est renflé, 1 galet blanc ovoïde ; en *os* : 1 bois de cerf percé, de 12 c. 1 fragment de bracelet, 2 bois amincis en lissoirs, 1 os avec de nombreuses incisions, 1 plaque d'os percée, 1 bouton épais, percé, 35 poinçons de 6 c. à 30, 1 poinçon à double pointe de 4 c. 1 os de lapin percé, 3 coquilles d'anodonte percées, 1 coquille fossile, cérite (?) ; en *poterie* : 1 vase entier, en calotte, de 8 c. sur 8, 5 autres presque entiers, de même forme, 12 fusaïoles de 1 c. 5 à 5, 1 poids de 8 c. sur 6, percé au

sommet ; 1 poterie criblée de trous, 1 petite cuiller, 3 autres fragmentées, des mamelons percés, des poteries toutes communes à dessins simples.

3. L'inventaire complet de la collection du docteur *Ficatier* n'a pas été publié, mais je suis en mesure de le donner presque en son entier ; il n'y aura de lacune que pour les éclats de silex et les outils moins bons, comme aussi pour les tessons de poterie qui auraient fourni des motifs de décoration et qui n'ont pas été conservés.

Silex : quelques éclats dont plusieurs rappellent le racloir magdalénien et la pointe moustérienne (1) ; 3 tranchets, de 5 c. 5 sur 4 ; 29 lames, de 5 c. à 16 ; 1 scie rectangulaire, en silex du Grand-Pressigny, épaisse, de 10 c. sur 5, retouchée sur les deux bords longs avec deux encoches aux extrémités ; 1 scie ovale, retouchée sur les deux bords, avec les extrémités en pointe, de 10 c. sur 4 ; 1 scie en lame, cassée, silex de Pressigny, de 7 c. 5 sur 3,5 ; 1 silex en lame patiné (seul de tous) de 7 c. sur 2,5, retouché sur les bords, avec encoche à la base et finissant en pointe retouchée (cassure), outil tout semblable aux grattoirs latéraux paléolithiques ; 2 burins en lame étroite, type magdalénien, de 6 c. ; 1 lame épaisse, retouchée sur le dos, terminée en pointe peu aiguë (perçoir ?) ; 18 grattoirs dont 2 nettement discoïdes, de 5 c., 10 ovales (un de 7 c. 5 sur 5,5) 5 en lames selon le type de la Madeleine ; 1 lame étroite avec encoche à la base ; 1 retouchoir, de 5 c. ; 4 percuteurs, dont un rognon avec sa croûte et un en boule ; 6 pointes de flèche sans pédoncule ni ailerons, retouchées finement sur les faces, dont 2 à base convexe, 2 à base concave, 2 à base rectiligne, de 3 c. à 5,5 ; 1 pointe à tranchant transversal de 2 c. ; 1 petit rognon de silex en boule de 2 c. 5 perforé naturellement ; 1 éclat épais de silex de Pressigny de 13 c. sur 5.

Pierre : 1 hache en granit ou en gneiss, le tranchant seul est poli, 10 c. sur 5. Les autres sont entièrement polies sauf indication contraire ; 1 hache noire, tranchant poli, côtés équarris, 9 c. sur 4 ; 1 hache grise, tranchant poli, 8 c. 5 sur 5 ; 1 hache verte (cassée) de 7 c. ; 1 hache à côtés équar-

---

(1) Des archéologues ont prétendu trouver le mélange ordinaire dans nos grottes, du moustérien et du magdalénien ; ils se sont fondés sur la forme des éclats, tandis que la distinction réside dans celle des outils.

ris convexes, de 6 c. 5 sur 3, 5 ; 1 hache brun noir à côtés équarris, 6 c. sur 3,5 ; 1 hache brun-noir, tranchant poli, 5 c. 5 sur 4,5 ; 1 hache noire, à côtés équarris, 4 c. 5 sur 2,5 ; 1 hache verte (cassée) à côtés équarris, 4 c. sur 4 ; 1 hache noire, 4 c. 5 sur 2,5 ; 1 hache brune, 4 c. sur 3,5 ; 1 hache verte, à côtés et sommet équarris, parfaite de forme et de conservation ; 1 hache brun-noir, à côtés équarris. On a évité de donner des noms à ces haches presque toutes de roches exotiques ; la détermination, toujours difficile en est laissée au minéralogiste (1).

1 Pendeloque brun-noir, en forme de fragment de bracelet plat, 4 c. sur 2, avec un trou à une extrémité ; 1 fragment de bracelet en calcaire brun, plat verticalement, 11 c. longueur, 6 c. diamètre ; 1 fragment de bracelet plat, brun, 6 c. 5 sur 3 ; 1 fragment de bracelet en calcaire brun, en hauteur, 4 c. sur 2 ; 1 fragment de bracelet en calcaire rougeâtre, en hauteur, 3 c. sur 15 ; 1 fragment de bracelet en schiste bitumeux, en hauteur, côté antérieur plat, côté extérieur convexe. Tous ces fragments sont polis.

Poterie : 1 fusaïole à côtes, 4 c. de diamètre, globuleuse ; 1 fusaïole conoïde, 3 c. 5 ; 1 fusaïole double conoïde, 2 c. 5 ; 1 poids d'argile discoïde, 5 c. 5 de diamètre ; 1 rebord de poterie percé de 3 trous dont un ébauché ; 1 plaque d'argile cuite, grise (ébréchée), de 10 c. sur 8 dont la face supérieure polie porte une gravure de 15 traits de 3 à 4 c. de longueur qui rayonnent tous d'un centre commun, les traits s'arrêtant à 1 c. de ce centre ; 1 cuiller à cuilleron large et profond, cassé aux deux bouts, 6 c. 5 ; 1 queue de vase percée de deux trous, 6 c. de largeur sur 4 ; 1 queue de cuiller à extrémité en queue d'aronde, 5 c. Il y a 6 vases entiers en calotte, de sorte très grossière ; il manque à la collection le n° 239 figuré dans le *Dictionnaire des sciences anthropologiques*, p. 922, de 4 c. de diamètre et 3 c. 5 de hauteur orné de mamelons percés et de trois lignes de points ; 1 vase ébauché, bosselé, avec traces visibles des plis des doigts, 5 c. 50 sur 4 c. de hauteur ; 1 vase épais de 6 à 8 mm., bosselé, à bord irré-

---

(1) Elle vient d'être faite par M. Michel-Lévy, l'auteur de la carte géologique du Morvan. Les roches sont presque toutes des environs d'Autun : granulite fine, amphibolite, corne amphibolique, d'après l'éminent géologue jade éclogite, jade du Dauphiné. Ces déterminations de roches polies faites sur les caractères extérieurs laissent toujours à désirer.

gulier légèrement rentrant, orné de coups d'ongles et deux lignes de points à peu près parallèles près du bord, 3 c. 5 sur 3 ; 1 vase à ouverture un peu ovale, à bord irrégulier légèrement rentrant, 2 mamelons percés, placés à des hauteurs différentes, 5 c. 5 sur 5,5 ; 1 vase bosselé à bord irrégulier, 3 mamelons percés ; 1 vase en poterie fine, noire, lustrée, rebord avec gorge ornée de deux côtés, la panse couverte de cannelures, le fond convexe : figurée au n° 242 du Dictionnaire cité plus haut. Ce vase, qu'on a cru fait au tour, est très soigné, mais il n'en est rien. Fragment de plaque criblée de trous perforants, placés à 1 ou 2 mm. les uns des autres, 3 c. sur 2.

Os et bois de cerf : 1 base de bois de cerf, de 20 c. perforée, transversalement d'un trou de 4 c. 5 sur 4 ; 1 manche d'outil, de 8 c., en bois de cerf, perforé selon la longueur ; 1 gros cornichon de cerf entièrement poli, à pointe mousse : lissoir ou retouchoir ; 1 cornichon de cerf, de 12 c., strié à la base sur deux côtés ; 5 dents canines percées : ours brun, loup, renard, cervidé, carnassier, 1 incisive de carnassier, 1 incisive de bœuf ; 3 petites défenses de sanglier percées ; 1 os plat, 8 c., percé ; 1 os ovale plat, 3 c. 5, percé ; 1 perle globuleuse en bois de cerf, 1 c. ; 1 poignard, cubitus de bœuf, 18 c. 5 ; 1 poignard ou lissoir, (l'extrémité cassée) formant une pointe triangulaire, 17 c. 5 ; 13 poinçons de 6 c. 5 à 18 dont un à pointe triangulaire ; 1 épingle ou petit poinçon à tête, à tige très fine, 6 c. ; 1 lissoir-retouchoir en os en forme de tranchet, une face concave, 6 c. 5 de longueur, 3 c. de largeur du tranchant ; 1 vertèbre d'ichthyosaure pétrifiée entièrement et quelque peu ferrugineuse (1).

Mobilier historique : 1 moule en argile pour anneaux, carré de 4 c. ; 5 vases gallo-romains communs ; 1 fond de vase en poterie samienne signé CENIALISM à l'intérieur ; 1 grand bronze de Faustine ; 1 couteau et une boucle en fer mérovingiens ? 1 battant de cloche en bronze, de 250 gr. ; une médaille de Sainte-Hélène !

4. La collection de M. l'abbé *Poulaine* n'a pas été non plus inventoriée ; mais d'après ses renseignements et un examen

---

(1) Cette vertèbre pourrait venir de Thostes, près de Semur, où le lias, qui est l'habitat de ces animaux, est silicifié au voisinage d'une faille et contient un minerai de fer autrefois exploité.

rapide, voici à peu près les objets qu'elle contient ; en *silex* : quelques lames, grattoirs et perçoirs, une vingtaine de pointes de flèche en feuille de saule et feuille « de ronce » c'està-dire allongées ou courtes, et à base arrondie, droite ou concave ; 1 pointe de lance retouchée sur les deux faces. En *pierre* 2 hachettes en jadéite ; en *os* : une quinzaine de poinçons, plusieurs dents percées, 1 petit fragment d'os avec dessin géométrique, fruste, des rondelles percées ; en *poterie* : plusieurs petits vases en calotte, 1 vase évasé avec dessin en forme de carrés, 1 vase en terre noire fine, en forme de tulipe, 4 cuillers non entières dont une percée de deux trous, des débris de fusaïoles ; enfin des perles en ambre jaune et verte et quelques têtes d'épingle en bronze.

5. Chez M. le doteur *Mulon,* à Paris, j'ai trouvé, venant de Nermont : un éclat plat de silex exactement triangulaire, de 3 c. 5 sur 3 et retouché avec soin sur les deux faces à la façon des pointes de lance ; est-ce un racloir ou un tranchet ?

6. Il y a, à Châtel-Censoir, la collection de *M. Maison,* achetée du père Leleu ; on y trouve, en *pierre* : des lames de silex, 1 hache polie en silex de 13 c., 1 hache fragmentée en jaspe noir qui pouvait mesurer 12 c. sur 5, 1 hache fragmentée en grès fin, des fragments de hachettes en jadéite ; en *os* : des rondelles, percées, 1 bois de cerf, de 12 c., poli et orné de deux traits circulaires rapprochés, 1 grand poinçon ou poignard cassé, de 20 c. ; en *poterie* : 1 vase entier de 12 c. sur 6,5, en calotte, mais avec une panse renflée et gorge sous le rebord, orné de plusieurs boutons, 2 fusaïoles et des morceaux de poterie avec dessins de lignes ; enfin 1 perle d'ambre rougeâtre en forme de couronne. Mettons à part un demi-peigne en os à bords crénelés et orné d'une ligne de trous, avec un mamelon fixé au milieu pour la prise, tenu par une cheville de fer ; c'est une pièce curieuse, sans doute mérovingienne.

7. Avallon, chef-lieu d'arrondissement de Saint-Moré, possède peu de chose. On voit chez *M. Crépey* 1 hache polie en silex et une plaque d'os allongée, de 7 c. 5 sur 3 (Pl. II, fig. 24) ayant une extrémité quadrangulaire décorée sur trois bords de chevrons brisés et, aux angles, d'un petit carré avec un rond centré. L'autre extrémité, après un rétrécissement, forme un fer à cheval évidé au milieu, avec une ligne de points encadrée sur chaque branche et un trou à l'extrémité. C'est encore une pièce curieuse : est-ce une applique gallo-romaine ou une pendeloque d'une époque antérieure ?

8. M. le docteur *Délétang*, à Arcy, m'a montré un poinçon en os, une perle globuleuse en bois de cerf (Pl. II, fig. 15) et surtout un fragment de côte de 10 c. sur 1,5 terminé en pointe et qui est orné de treize traits, les uns parallèles, les autres obliques, il y a un trou à l'extrémité la plus large. (Fig. 14).

9. *M. Bailly*, maire d'Arcy, n'a qu'un objet, mais il est remarquable, c'est un vase, une lampe sans doute (Pl. III, fig. 20), de 5 c. sur 3, en forme de godet ; de poterie noire à glaçure, portant sur le côté une queue verticale ajourée. Cette pièce, de facture délicate, est assez semblable au n° 1.095 du Musée préhistorique de Mortillet, des Terramares du Reggianais (époque du bronze larnaudien). L'échantillon a été trouvé par les chercheurs d'ocre.

10. *M. Gustave Guignepied*, à Saint-Moré, est un amateur ; il a fouillé dans plusieurs grottes et récolté beaucoup de choses qu'il distribuait gracieusement aux touristes. Ce qui lui reste de Nermont est surtout des époques historiques : des perles en verre, unies ou à côtes, une boutterole en bronze, etc., mais il a de l'époque de transition de la pierre au métal un objet typique, c'est un couteau en bronze (Pl. II, fig. 16) de 17 c. de longueur, à soie, de la forme dite lacustre. Il a été trouvé planté dans le sable au milieu du Recoin.

11. Le *Musée de Sens*, grâce à *M. Edmond Feineux*, présente aux visiteurs, une petite collection de nos grottes. Le carton de Nermont porte des lames de silex, 1 pointe de flèche en feuille de saule, 1 hache en serpentine ? 2 cuillers cassées, 2 fusaïoles, 1 vase en calotte (1).

12. La *douzième* collection, est celle que j'ai faite, après les recherches d'autrui ; je la donnerai en détail en classant les objets, autant que possible, d'après les époques.

---

(1) Dans toutes ces collections, disons-le à l'honneur de notre région, je n'ai trouvé qu'un objet de contrefaçon : c'est une hache-marteau faite d'un morceau de concrétion tendre, taillée et trouée très grossièrement au couteau. L'industriel coupable m'avoua que « le monsieur venait sans cesse avec son livre et lui disait en montrant une figure de cet instrument : vous ne pouvez donc pas me trouver une chose pareille ». Il y avait eu provocation !

Epoque préhistorique.

Silex : 676 éclats, 16 lames, 3 racloirs, 2 grattoirs latéraux, 18 grattoirs terminaux, 1 grattoir concave, 3 silex à encoches, 3 burins, 3 tranchets, 3 scies, 3 perçoirs, 4 pointes de flèche 2 ébauches, 1 pointe de flèche à tranchant transversal, 1 retouchoir ou écrasoir, 1 nucléus, 1 pierre de jet ? 2 percuteurs. *Roches diverses* : 1 plaque de grès fin, 1 percuteur en granit, 1 percuteur en quartz, 1 polissoir en granit, plusieurs meules et molettes ou broyeurs en granit, 1 amande de quartz usée ayant servi de lissoir, 1 rognon de bitume, 1 rognon de pyrite de fer, 1 plaquette de schiste noir, 1 morceau de sanguine, 2 hachettes en jadéite ? 1 bracelet (ce qui veut dire un fragment) en schiste noir micacé, 1 bracelet en serpentine, 1 bracelet en jaspe noir, 1 bracelet en calcaire brun, 1 bracelet en calcaire noir, 1 bracelet en schiste gris, 1 petit disque en serpentine avec trois creux remplis de poudre de coquillage, 1 cristal de calcite avec ébauche de trous sur chaque face, 1 perle en verre vert opaque, forme dite goutte de suif. *Os* : 1 aiguille à chas, 2 fragments d'aiguille, 1 aiguille à deux pointes ou hameçon de 4 c., 17 poinçons de 5 c. à 17, 4 poinçons fins ou épingles, de 3 c. à 5, 3 lissoirs, 1 grosse perle en bois de cerf à trou ébauché, 1 petite perle en bois de cerf cassée, 2 rondelles percées, 1 dent incisive de cochon percée, 1 canine de fouine ? percée, 1 dent fragmentée percée, 1 canon de mouton percé sur la face articulaire supérieure, 1 humérus de petit carnassier percé, 5 méta-carpiens et tarsiens de lapin percés, 4 vertèbres de saumon, 2 os incisés, 1 astragale de bœuf scié, 1 coquille d'anodonte percée. *Terre cuite* : 1 perle, 10 fusaïoles.

Epoque historique.

Bronze : 1 pendeloque carrée, ajourée, 2 c. 5 de côté ; 1 épingle à tête fine à deux branches, 1 bague fragmentée, 1 cuiller à parfums de 15 c., 1 fragment de bracelet à oves, des médailles romaines. *Fer* : clous, anneaux, chaîne, ciseau, poignard, fragment de glaive, pointes de javelot, armatures, clef, etc. *Verre* : débris de vase en verre irisé, perle verte en prisme sexagonal, perle en couronne. *Os* : 2 peignes fragmentés ornés de traits, 1 plaque mince à rebord poli, 1 cylindre gravé, en bois de cerf.

Classification.

Il est utile de résumer ces listes d'échantillons et d'ajouter quelques remarques pour éclairer la classification, car les fouilles ne fournissent par les données suffisantes pour distinguer partout ce qui appartient à l'industrie néolithique pure ou à l'industrie que j'appelle métallithique. Les remarques, qui viseront spécialement ma collection et celle du docteur Ficatier, que j'ai pu étudier avec soin, serviront à établir des comparaisons avec les industries similaires de France et d'ailleurs.

La quantité d'éclats de silex n'est pas énorme, en triplant celle que j'ai trouvée, on aurait 3 à 4 mille déchets ce qui n'annoncerait pas un atelier important, ni un séjour prolongé. Le silex est tout de la même sorte, contrairement à ce qu'on observe dans les stations paléolithiques. C'est une roche de couleur blonde quelquefois jaunâtre et qui n'est jamais patinée. Cette absence de patine blanche ou marbrée peut tenir à la nature du silex, car au Trilobite, par exemple, on trouvait cette même sorte sans coloration à côté d'éclats bien patinés. (1) Cependant, la sécheresse du remplissage paraît être la cause de cette immunité ; par suite, la présence de la patine ou son absence ne peuvent pas être prises pour signes certains de l'antiquité plus ou moins grande du gisement. Cela crée une difficulté pour reconnaître les silex paléolithiques, burins, grattoirs, qui se trouveraient en mélange avec les autres.

Les lames sont presque toutes minces et fines comme celles de la Madeleine, on ne voit pas de différence. Mais les grattoirs terminaux, en général, ne sont pas faits de lames longues et étroites comme dans cette dernière industrie ; ils sont

---

(1) On a trouvé une pointe de flèche en feuille, du type et du silex de Nermont, dans les champs, c'est-à-dire dans le milieu le plus favorable à la patine ; or l'échantillon est tout semblable à ceux des grottes. Cette immunité tient donc en certains cas de la nature du silex.

courts et de facture médiocre (Pl. II, fig. 5), quelques-uns cependant sont en lames et rappellent le magdalénien, plusieurs sont discoïdes, forme typique du néolithique.. Le grattoir concave (Pl. II, fig. 4), de 4 c. sur 3, d'une retouche soignée est un outil spécial, toujours rare dans le néolithique ; on le trouve souvent au paléolithique, mais il est presque toujours partie intégrante de certains perçoirs dont le bord concave de la pointe retouchée avec régularité peut être prise pour un grattoir.

Les perçoirs (1) sont très rares ; on devine que les poinçons en os les remplaçaient. Les burins semblent s'y trouver : des trois exemplaires que je note, un seul est bien caractéristique, et il y en a deux autres dans la collection Ficatier qui le sont aussi. Ce sont des lames étroites comme dans les gisements quaternaires où ils sont si communs. A défaut d'une série nombreuse, on objectera avec quelque raison une introduction qui pourrait dater de l'époque de la Madeleine.

Le tranchet, qui est une sorte de burin plus massif et plus puissant, fait son apparition au néolithique dont il semble marquer le début. Des trois spécimens de ma collection, un seul est hors de doute, les autres étant fragmentés, il a 5 c. sur 4. Ce serait, avec les trois autres du docteur Ficatier (Pl. 2, fig. 1), un bien petit lot (son rapport porte : « une assez grande quantité de tranchets . » ?) ; mais il a son intérêt. J'ai un bon échantillon trouvé dans les champs et quatre autres récoltés en place dans le camp de Villeaucerre (Cora), près de Saint-Moré, ils étaient à 80 c. de profondeur, près du sol rocheux, avec quantité de poterie commune, des meules en granit et une pointe de flèche, forme de triangle équilatéral. Ce sont deux faits qui se corroborent et qui concordent avec les découvertes des Rebuts-de-Cuisine du Danemarck, des camps de Catenoy, de Barbet, de Chassey et des fonds de cabane de Campigny.

A côté du tranchet, on peut placer le retouchoir ou écrasoir qui peut-être servait à retoucher, par pression à faux, les pièces délicates ; il y en a 2. C'est un bâton de silex assez grossièrement retaillé tout le long, avec une pointe mousse. Ces outils, qui passent au pic et au ciseau, sont, sous ces trois formes, assez communs dans la région d'Othe ; et M. le docteur Capitan en fait des pièces contemporaines

---

(1) Il est annoncé des perçoirs dans les rapports Berthelot et Ficatier, mais les collections n'en contiennent pas.

du tranchet. Citons encore les scies, lames épaisses à section triangulaire, au nombre de 5 ou 6 ; elles sont mieux caractérisées qu'à l'époque précédente. Elles avaient quelquefois la forme de racloirs à encoches latérales (1), telle la belle pièce du docteur Ficatier en silex cireux de Pressigny ; elles appartiennent au néolithique et surtout au métallithique.

Les pointes de flèche, peut-être une cinquantaine, sont presque toutes lancéolées, allongées (feuille de saule), à base droite, concave ou plus rarement convexe (Pl. II, fig. 6). Une est courte et ovale (feuille de ronce) ; deux autres, de 7 à 8 c. de longueur, pourraient s'appeler pointes de javelot. Toutes sont d'une belle retaille qui rappelle les beaux poignards scandinaves. Cette forme de pointes est un peu partout en France ; au camp néolithique de Chassey, par exemple, où elles sont cependant moins nombreuses que les pointes à pédoncules et bardelures. Elles sont communes dans les Palafittes de la Suisse et en Danemark où elles marquent la fin du néolithique et le début du métal. En Suisse, elles seraient bien plus communes que les autres (*Préhistoriques de Mortillet*, 2ᵉ édit. p. 524). Le fait de la présence à Nermont de ce type, sans mélange de pointes à pédoncules ou bardelures est à signaler ; aucun autre gisement de France n'offre cette singularité. L'influence pourrait en être cherchée en Suisse.

La pointe de flèche à tranchant transversal, il y en a deux, (Pl. II, fig. 3) est, pour la forme, un petit tranchet ; mais ses dimensions graduées formant un passage, on a pu douter qu'elle fût destinée au jet de l'arc. M. de Baye, dans les grottes funéraires de la Champagne, les a trouvées en telle quantité et dans de telles conditions que l'on n'hésite plus à leur donner ce nom. Celle de Nermont, de 2 c. 5 sur 1 c. 5, n'est pas allongée et lourde comme celles de la Marne, elle est particulièrement courte et mince, soigneusement retouchée au pourtour ; c'est une pièce du néolithique pur. A côté des pointes de flèche, on peut placer le bitume qui servait à consolider la ligature ; c'est un minéral qui se trouve sur les frontières de Suisse ou en Auvergne, au plus près.

Les haches sont une partie importante du mobilier ; on en aurait trouvé une trentaine, ce qui n'est pas énorme. Il y en a une en granit, deux en grès, trois seulement en silex, et le reste en minéraux exotiques, jadéite, saussurite, diorite,

---

(1) Les encoches facilitaient l'emmanchement. On les trouve encore emmanchées dans les lacs de Suisse.

jaspe noir, etc. Une d'elle, en minerai vert, a seulement 2 c. 5 de longueur. C'est dans cette proportion, à peu près, que sont les objets trouvés aux environs sur le sol : les haches en silex sont très rares, celles en jadéite sont les plus communes, il y a en partout ; ces dernières caractérisent, dans les Palafittes, le milieu du néolithique.

Les fragments de bracelets en pierre sont environ une quinzaine, dont six dans ma collection. Ils sont tous plats (Pl. II, fig. 17) comme seraient des morceaux d'anneaux-disques (1), sauf six qui sont en hauteur et proviennent certainement de bracelets. Ils ont un poli parfait, mais non une largeur régulière. La largeur varie de 8 mm. à 2 c. 5 ; il y en a même un très mince, en schiste micacé, qui mesure 6 c., dépassant sous ce rapport les plus beaux des dolmens. On s'est demandé si c'étaient des débris de bracelets ou simplement des pendeloques en croissant, car M. de Baye a trouvé dans ses grottes 31 échantillons dont 24 ont deux trous, un à chaque extrémité, et 6 n'ont qu'un trou, un seul n'est pas perforé : c'est tout le contraire pour les nôtres. Les bracelets sont des objets rares, on en a recueilli une centaine, dit M. de Mortillet, dans 23 départements. A Nermont, ces fragments, qui représentent le quart, le tiers ou la moitié de la circonférence, ne sont aucunement percés, sauf un échantillon. Leur diamètre intérieur est de 7 à 8 c., ce qui peut suffire à l'introduction d'une main de grosseur moyenne ; j'ai même trouvé un bracelet en verre, de l'époque gauloise, qui n'a que 6 c. de diamètre.

Il y a, en serpentine, un curieux petit objet en marqueterie (Pl. II, fig. 18) : c'est un disque poli de 1 c. 7 de diamètre, bombé sur le dos qui a été entaillé de trois cavités rondes ou ovales qu'on a remplies d'une matière blanche chatoyante, semblable à la nacre des moules de rivière. Sur la tranche, il se trouve un trou qui a dû servir à fixer l'attache de suspension. Etait-ce un simple ornement ou peut-être un pendant d'oreilles ? On connaissait déjà ce dernier à l'époque du bronze.

On a trouvé enfin un morceau de sanguine, un rognon cassé de pyrite, substance propre à faire le feu ; une petite plaquette de cristaux de calcite ayant une ébauche de trou sur chaque face.

(1) Manuel Déchelette, p. 520.

Le mobilier en os ne diffère guère de celui de la Madeleine ; mais l'os dessiné ou sculpté a disparu. On retrouve donc l'aiguille à chas ; celle que j'ai récoltée est courte, un peu arquée et renflée de la tête : c'est un type moins élégant que celui du Trilobite. Une aiguille effilée aux deux bouts, au Musée d'Auxerre, mesure 6 c., la mienne a 4 c. et devait servir à la pêche ; elle est semblable à celles des stations paléolithiques de la Vézère (Pl. II, fig. 9). Aux bords de la Cure, rien n'indique la pêche à l'époque quaternaire, tandis que le néolithique a fourni, avec les arêtes et vertèbres de poisson, l'hameçon recourbé des Fées et la pointe droite de Nermont. Cette dernière forme, dit M. Daleau, est encore en usage dans le Languedoc. Un autre objet pourrait aussi être un hameçon, c'est une grosse vertèbre de poisson armée de chaque côté de deux apophyses aiguës.

Les poinçons (Pl. II, fig. 6 et 7) forment plus de la moitié du mobilier d'os : on peut en avoir récolté une centaine. Ils sont généralement longs et fournis par les canons de bœuf, de cerf, de cochon et de mouton qu'on a fendus en conservant la tête de l'articulation. Il y en a beaucoup aussi faits de simples éclats d'os. Certains poinçons, comme ceux de Châtel-Censoir et du docteur Ficatier, sont plutôt des poignards (Pl. II, fig. 13), arme qu'on trouve partout en Europe et durant toute l'époque néolithique. Il y en a aussi de courts (Pl. II, fig. 7), mais quelques-uns paraissent avoir été primitivement plus longs ; ils auraient subi un nouveau polissage après cassure. On trouve enfin des spécimens très minces et très effilés qui représenteraient les épingles de l'époque (Pl. II, fig. 8), ils sont faits avec les os longs de petits carnassiers dont l'apophyse sert de tête. Les poinçons des niveaux paléolithiques sont tous de moyenne ou de petite taille, un seul, formé d'un gros stylet de cheval, pourrait être comparé aux poinçons néolithiques.

Les objets de parure comprennent les perles et les pendeloques. Une grosse perle globuleuse, de 3 c. 5 d'épaisseur a été tirée d'un bois de cerf garni de sa perlure ; mais le trou n'a été qu'ébauché. Il y en a de même matière, qui sont de grosseur moyenne. Les perles plates ou rondelles percées largement, dont on a récolté une dizaine, sont caractéristiques du néolithique, un de mes deux spécimens est en coquille, de cardium peut-être, l'autre est en os. (Pl. II, fig. 12). On a recueilli, tout au plus, une demi-douzaine de perles d'ambre jaunâtre, rougeâtre et même verdâtre, de même forme que les précédentes. Les perles de cette matière, communes en Danemarck, sont rares en France ; elles indiquent la fin du néolithique et l'introduction du métal ; à l'époque du fer on les trouve abondamment. Les pendeloques sont principalement des dents : l'ours brun, le loup, le cochon, le bœuf, le cerf et les petits carnassiers (Pl. II, fig. 10) ont fourni leurs canines ou leurs incisives ; il y en aurait une quinzaine. Ce ont aussi des os de lapin, le plus souvent, métacarpiens et métatarsiens percés à leur extrémité (Pl. II, fig. 11) ; on peut en compter une douzaine. Le coquilles marines, en petit nombre, et les moules de la Cure surtout ajoutent leur petit contingent, une douzaine environ. A l'époque paléolithique, les coquilles locales ne sont pas employées. Enfin, notons les vertèbres de saumon et de truite en très petite quantité. Il faut mettre à part le gros bois de cerf perforé d'un large trou à la base, au niveau de l'andouiller basilaire. Il rappelle les « bâtons de commandement », et l'usage en est problèmatique.

La rareté des objets en bronze de l'époque préhistorique n'étonnera pas. La région, à en juger par les découvertes signalées, n'était pas alors un centre de civilisation, et, de plus, l'objet de métal, gardé plus soigneusement que l'outil de silex, servait indéfiniment par la refonte des débris. Quelques fragments d'épingle de Nermont pourraient peut-être appartenir à cette époque. La pièce indiscutable et typique est le couteau (Pl. II, fig. 16) de 17 c. de longueur, à soie, et dont le dos en arête mousse, forme une légère gouttière avec la lame, c'est le couteau type lacustre de la première période du bronze ou plutôt de la seconde, à juger par la façon assez soignée.

Les populations protohistoriques et historiques ont laissé aussi de leur mobilier à Nermont dans la couche superficielle. On peut attribuer au premier âge du fer une perle (Pl. II, fig. 19) de verre opaque vert, percée, en forme de larme ou de goutte de suif, reproduisant fidèlement le type bien connu de la perle de callaïs des dolmens de Bretagne. Un fragment de bracelet en bronze à oves, de 4 c. 5 est certainement du mobilier de nos tumulus marniens. A quelle époque rapporter la curieuse pendeloque ou applique (Pl. II, fig. 24) que j'ai décrite dans la collection Crépey ? on peut aller du néolithique ou mérovingien. Les gallo-romains et leurs successeurs ont laissé davantage : citons le cylindre en bois de cerf, de 5 c. de longueur sur 2 de diamètre, gravé et qu'on appelle gond de coffret au Musée de Saint-Germain où ils sont nombreux ; une cuiller en bronze (cochléar) dont la capsule est dans un plan différent du manche auquel elle se raccorde par un coude troué. Il y a des débris d'armes et d'outils en fer et surtout de la poterie ; on a trouvé les débris d'une cinquantaine de vases, plusieurs à engobe rouge dont l'un d'eux a son nom de potier (poterie dite samienne). Citons à part un creuset cylindrique de 10 c. de diamètre, fait de serpentine grossière, roche réfractaire dont se servent encore les bergers des Alpes. On peut regarder comme mérovingiens les pendeloques en bronze ajourée, les perles en verre et deux peignes à dessins de lignes et de points.

Les gallo-romains, avaient aménagé un endroit de la grotte en abri. Dans ce que j'ai appelé le Caveau, petite chambre en contre-bas et au seuil de Nermont, il y avait, en effet, un remplissage d'éboulis venus de la Cheminée ; on ne l'avait pas fouillé par crainte du glissement des pierres. Je découvris, sous cette masse, une litière de débris végétaux qui paraissent être des feuilles, mais consommées, séchées et tassées au point de se lever en plaques feuilletées, de 5 à 10 c. d'épaisseur. Sous cette couche, le plancher rocheux avait été recouvert de mortier de chaux pour effacer les inégalités, et aucun débris d'os ou de poterie ne s'y voyait ; je n'ai trouvé là que le petit cylindre ou gond de coffret. J'ai vu dans ce réduit, si propre et placé en vue du camp de Cora et de la voie romaine, comme un observatoire, un poste de soldats chargés de surveiller le passage.

Le moyen-âge et les temps postérieurs ont fourni 3 ou 4 objets, entre autres une grosse clef.

LA POTERIE.

Voici un mobilier à part qui relève d'une industrie spéciale, celle du potier ; elle paraît bien naître avec les autres arts néolithiques, dans nos pays du moins. Son objet est digne d'intérêt, et les archéologues ne rejettent plus, comme autrefois, les informes morceaux de vase : on les étudie, on les fait entrer dans l'histoire du génie industriel à son enfance. Cette céramique préhistorique nous ramène aux premiers essais de l'art dans une voie nouvelle, c'est l'acte créateur de l'homme, pour ainsi dire, où se révèle son esprit d'observation qui assurera à sa création nouvelle les qualités requises de solidité, de commodité et d'élégance.

Il y a, en effet, pour donner corps à l'argile, une série de manipulations délicates qui annoncent des recherches multipliées : il faut choisir sa terre, la pétrir pour la rendre homogène, la mélanger avec le sable pour lui donner du liant ; ensuite, il faut la mouler selon une certaine forme, revêtir le vase d'une couche imperméable, lui faire une base pour la pose et des saillies pour la prise ou la suspension ; il faut, enfin, après un séchage à l'abri, lui donner la cuisson qui la rendra propre aux différents usages domestiques. A ce travail minutieux, compliqué de l'industriel primitif, s'ajoute l'invention de l'artiste : la recherche du beau vient à l'homme en même temps que celle de l'utile, dès qu'il manipule cette pâte docile. Entre ses mains, les vases prennent des formes variées : le pied, le rebord, la panse, les anses, tout révèle le sentiment du goût. Les surfaces se couvrent de dessins de toutes sortes, des plus simples aux plus compliqués de l'ornementation de lignes ; les moulures s'ajoutent et se mêlent aux dessins, les unes grossières, les autres d'une finesse et d'une élégance rares.

Quel intérêt à suivre *ab ovo*, l'évolution de cet art fécond, à observer le savoir-faire industriel et l'inspiration artistique dans une œuvre où l'homme préhistorique a mis toute son intelligence. Pour les civilisations anciennes, l'étude de la poterie a servi à classer les races et les époques, à constater les rapports entre les peuples ; mais pour les temps préhistoriques et protohistoriques, elle n'aurait pas la même importance. Il y a presque partout un tel mélange de sortes grossières et fines et de formes de poterie sans caractère que Paul du Chatellier a pu dire : les caractères bien définis de la céramique de l'époque du bronze sont à trouver, et il n'est point possible d'en distinguer les poteries de celles de la pierre polie et de celles de temps qui suivent ». Cela est vrai surtout quand on n'a, comme à Nermont, que des tessons informes. Cependant, malgré la réserve dans laquelle cette déclaration doit nous tenir, il se trouvera encore parfois des indications précieuses à recueillir de cette étude.

La grotte de Nermont, avec ses couches stratifiées et ses foyers, eût pu nous offrir des spécimens de toutes les époques et de tous les usages de la vie, et par là nous fournir de vrais documents. Mais les débris ont été récoltés sans souci de leur niveau, de sorte qu'on ne pourra guère parler de la céramique qu'en général, en décrire la façon et l'ornementation. Les remarques porteront sur environ 160 vases de poterie commune et 84 de sorte fine que je compte d'après les différents rebords que j'ai récoltés. Quoique Nermont ait dû servir d'atelier de fabrication, si l'on en juge par les colombins d'argile cuite, ce petit nombre de vases est près de la vérité, car les chercheurs n'ont guère ramassé que les rares grands morceaux et les poteries à dessin.

1. *La poterie commune.* — La poterie néolithique (1) se distingue facilement de tout autre : elle est faite à la main, d'une pâte lâche, mélangée de sable plus ou moins gros pour liant. C'est donc une sorte poreuse, fragile et friable, toujours perméable même avec un engobe d'argile fine ; elle ne sonne pas clair et n'a pas le toucher sec des sortes cuites au four. Sa cassure présente une tranche ordinairement rouge sur les bords et noire ou grise au milieu, ce qui provient de sa cuisson inégale qui suroxyde les sels de fer de la surface seulement. Cette cassure peut être tout-à-fait noire par suite des végétaux ou du charbon contenus dans l'argile ou parce que les vases ont été enfumés en les cuisant.

La poterie commune peut se diviser en trois variétés : la sorte grossière, la plus rare, qui est celle dont la pâte a été simplement pétrie avec les doigts. C'est ainsi que sont certains vases en calotte, bosselés, de la couche inférieure, l'un, entre autre, de la collection Ficatier, montre à sa surface l'empreinte des plis radiés de la peau. La sorte moyenne est *lissée* seulement, et sa surface est unie ; on s'est servi de la main, d'une amande de silex ou d'un ébauchoir pour cette opération. La sorte supérieure a reçu un *engobe* ou couche d'argile pure qui est plus ou moins bien lissée ; les vases de cette sorte sont les plus nombreux.

Les vases ont une épaisseur, à la panse, de 4 mm. à 2 c. ; les fonds sont toujours renforcés. Il y a quelques rares échantillons dont la pâte est blanche ; cette terre sans trace de fer, se trouve à peu de distance, à Châtel-Censoir et à Croix-

(1) La poterie commune de plusieurs époques étant la même, dans le doute, on lui donnera ce nom qui veut dire simplement primitive ou façon néolithique. C'est le cas pour presque toutes nos grottes, les objets typiques manquant pour les classer.

Ramonet dans un dépôt tertiaire. Le sable qui sert de liant est le quartz des alluvions ; dans deux morceaux, la terre a été pétrie avec la poudre de coquilles. Il en est d'autres très chargées de sable fin, ce qui leur donne l'aspect de grès cérames ; et un tesson de cette sorte a même été utilisé comme polissoir. Enfin, quelques-uns offrent une pâte très micacée et des surfaces ont dû être, de plus, saupoudrées de mica qu'il fallait demander au Morvan.

La pose du vase devait être la première pensée de l'ouvrier ; mais au début le fond ne présente rien de particulier ; le vase en calotte se plaçait dans un creux du sol. Le plus souvent il y a un fond distinct : soit que la convexité s'aplatisse simplement ou qu'un vrai plateau bordé d'une arête s'étale sous la panse. Quelquefois l'arête fait saillie et forme un talon ; il y a même un spécimen où le fond, creux en-dessous, se trouve ainsi exhaussé : c'est le vrai pied tel que nous le voyons aujourd'hui. La panse des vases avec leur profil varié nous fait presque toujours défaut et c'est une lacune des plus regrettables. Il faut donc passer au col du vase ; c'est la partie où se déploie tout le talent du potier, car elle est le plus en vue, et les motifs de décoration s'y réunissent d'ordinaire. Le rebord monte droit sur la panse du vase, c'est le cas le plus commun ; mais sa lèvre se diversifie : elle garde son épaisseur ou s'amincit ou s'épaissit, en se terminant par un bord arrondi, aplati ou en biseau, bien plus rarement en bourrelet rond ou élargi. Le rebord renversé est moins fréquent, et se montre sur les vases plus soignés. La courbure est tantôt près du bord, et la lèvre s'abaisse brusquement ou par une courbe adoucie ; tantôt la courbure s'allonge et dessine un long col plus ou moins évasé. Le rebord incurvé est rare dans la poterie commune ; et c'est le bord seul de la lèvre qui se recourbe à l'intérieur.

La prise du vase est aussi nécessaire que la pose, et cette condition apparaît dans les mamelons percés avec la plus primitive céramique de Nermont. Pour les petits vases en calotte, on ne sentait guère l'inconvénient ; mais quand l'ouvrier voulut agrandir ses pièces, il se mit à la recherche de ces appendices ingénieux qui permettent de prendre à la main, de suspendre et de transporter les plus grands vases. Il y en a de tout-à-fait rudimentaires ; le bord se moule en un gros bourrelet formant une saillie à gouttière en dehors qui offre une prise aux doigts ; plus rarement le bourrelet descend verticalement sur le bord (Pl. III, fig. 1) et peut être pincé par les doigts. Ailleurs, ce sont des mamelons pleins, très saillants, coniques (Pl. III, fig. 2) s'élevant par couple du bord même du vase, ou des mamelons, épais, allongés (Pl. III, fig. 3) et placés horizontalement.

Ces moyens très primitifs se montrent dans de rares échantillons, car on a dû avoir aussitôt l'idée de percer le mamelon pour y passer un lien de suspension : c'était la découverte de l'anse telle que nous la voyons dans la chaudière. Le mamelon est un renflement du vase pris dans son épaisseur ou plus rarement rapporté sur sa panse, disposé, dans le sens horizontal et percé d'un canal de même direction. Il y en a de dimension variées selon la grandeur des vases ; ils sont tantôt aplatis, tantôt très saillants et formant la carène (Pl. III, fig. 4) ou bien plus rarement la selle (Pl. III, fig. 5). Il y a quelques spécimens exceptionnels de mamelons percés verticalement (Pl. III, fig. 6) de deux et même trois trous (1).

Le mamelon percé passe graduellement à l'anse rudimentaire, que j'appelle oreillette, (Pl. III, fig. 8) formant un gros bourrelet percé que deux doigts, pénétrant quelque peu dans les orifices, peuvent serrer fortement : c'est la prise immédiate du vase. Les oreillettes les plus étroites devaient encore recevoir la ficelle, et les plus ouvertes ne laissent entrer que le bout du doigt ; l'anse véritable est d'une industrie plus perfectionnée. On peut voir dans le Musée des grottes une série de 20 oreillettes de grandeurs différentes dont une seule laisse passer le doigt ; mais toutes sont placées verticalement, sauf une qui est horizontale. Il y aurait une fois plus d'oreillettes que de mamelons. Le potier primitif a aussi trouvé ce que nous appelons la queue de pot (Pl. III, fig. 7) ; c'est un cône, légèrement arqué, de 4 c. de longueur, très épais à la base, qui est creusé en-dessus pour donner au doigt un point d'appui. C'est l'unique spécimen, et c'est le dernier mot pour la prise du vase ; mais il a dû être abandonné aussitôt qu'inventé à cause du peu de solidité de la poterie mal cuite. On peut voir encore une queue dans l'échantillon cité à la collection Ficatier (Pl. II, fig. 20). Le potier primitif perfectionne son œuvre, et bientôt, sinon tout aussitôt, l'industriel se montre artiste ; il recherche le beau dans la forme et dans la

---

(1) Le Manuel Déchelette (p. 558) les appelle « oreillettes perforées et tuyautées ». Le terme mamelon est plus communément employé.

décoration de sa céramique. On trouve sans doute à toutes les époques les vases grossiers d'un usage ordinaire ou simplement votifs, et les œuvres des débutants ou des inhabiles ; mais à côté se voient les vases de luxe qui témoignent de l'esprit de recherche et du goût de l'ouvrier. Il a même l'avantage sur le potier moderne dont les vues se bornent, dans la poterie ménagère, à un façonnage uniforme convenable ; lui mettra des ornements à ses vases les plus communs : on devine qu'il travaille pour sa famille et qu'il y met son amour propre. Sans doute, on ne retrouve rien dans ses œuvres qui rappelle les merveilleuses créations des chasseurs de renne, le grand art des cavernes s'est éclipsé pour longtemps. Le potier artiste ne dépasse pas la combinaison de lignes et de points, et c'est une des raisons de penser qu'il n'a pu connaître le sculpteur et graveur de la Madeleine. Mais on sent en lui de l'imagination et le désir de faire toujours mieux.

La revue des poteries ornées se fera du simple au composé, ce qui a dû être d'ailleurs la règle générale du développement de l'industrie. Comme ornements en saillie, nous trouvons les bourrelets, les mamelons pleins, allongés, plus petits que ceux destinés à la prise, puis les boutons arrondis ou coniques formant parfois des groupes ou des cordons. Il y a un spécimen à part couvert de petites élevures à crêtes en lignes (Pl. III, fig. 2 *bis*) ; on trouve aussi, mais rarement, de grosses côtes. Les rayures profondes composant des sillons et des côtes disposés diversement (Pl. IV, fig. 1 et 7) par groupes sont peu communes ; de même des stries (Pl. IV, fig. 5) qui paraissent faites au balai de paillottes.

Les ornements en creux sont plus diversifiés : ce sont les coups d'ongle, motifs des plus primitifs, tracés par séries au pied du vase (Pl. IV, fig. 3), auprès de l'oreillette (Pl. III, fig. 8) et surtout sur le bord du col, comme dans les vases en calotte les plus grossiers. Puis viennent les impressions ou cupules faites avec le doigt (Pl. IV, fig. 4 et 5), groupées ou formant des lignes. Ces creux ont été aussi formés quelquefois avec un instrument spécial, et ils sont alors assez réguliers, figurant des ovales (Pl. IV, fig. 10) ou des carrés (fig. 13). Il y a d'ailleurs des creux de toute grandeur, et les plus petits, qui passent aux points, ont été faits, sans doute, avec le bout d'un stylet ou d'un chaume ; ils dessinent des lignes ou des

---

(1) Les dessins figurés ne donnent pas généralement toute la grandeur du morceau de poterie gravée.

semis (Pl. IV, fig. 2). Les traits et les virgules sont les ornements courants les plus variés : il y a des simples traits qui entourent le bord ; il y a les virgules ou les traits cunéiformes disposés en lignes, (Pl. IV, fig. 8) et parfois grands et très creux (fig. 6). Il y a enfin les losanges (fig. 9) dont la régularité, en certains cas, dénote l'emploi d'un poinçon de métal peut-être. Ce sont ces traits et ces virgules, accouplés qui donnent l'ornement appelé feuille de fougère ou arête de poisson (Pl. IV, fig. 11 et 12) d'une si grande variété et d'une réelle élégance. Tous ces dessins : points, virgules, fougère se combinent entre eux (fig. 13) et décorent le bord du vase (fig. 18), le bas du col et quelquefois, le pied et la panse.

L'ornement le plus ouvragé et le plus varié est le cordon pincé, bande étroite, très saillante qui entoure le col à sa base, à son bord, et relie même l'un à l'autre. Le potier lui donnait des creux et des reliefs avec une régularité d'un bel effet, les produisant avec l'ébauchoir, par la simple impression, par le pincement des doigts (Pl. IV, fig. 14), ou encore avec une pointe de silex ou de métal qui découpait nettement la moulure (fig. 17). Ces pincements, enfin, formaient des saillies droites ou plus ordinairement obliques (fig. 15 et 16) de toutes grandeurs qui rappellent la torsade. Ces ornements qui augmentaient la solidité, se trouvent aux époques néolithique et du bronze et jusqu'au moyen âge (Manuel Déchelette, p. 562).

II. *La poterie fine.* — La céramique dont il est question, apparaissant tout-à-coup sans transition avec l'ancienne, ne compte pas seulement comme une variété industrielle ; elle a une fabrication et un cachet qui annoncent une époque nouvelle, un autre peuple. Cette poterie noire, luisante, légère, très ornée est tout-à-fait celle que l'on a trouvée dans la grotte de Vilhonneur (Charente) avec les haches de bronze à ailerons, et dans les palafittes du lac du Bourget (Savoie) qui marquent la transition du bronze au fer. Les vases entiers de cette sorte fine sont très rares : il n'y a d'intacts que le vase en tulipe des Fées d'Arcy et le curieux godet à anse de Nermont. Les vases sont souvent moulés avec une rare perfection, et l'on pourrait, avant sérieux examen, y voir l'intervention du tour. Mais à l'époque du fer, on ne constate en Bretagne, du moins d'après M. du Chatellier, que l'emploi de la tourette ou plateau tournant.

La poterie fine est faite avec une argile triée, lavée et pétrie avec soin ce qui la rend dense et homogène ; elle a pour liant du sable fin, et quelquefois même, dans les sortes légères, de gros grains de quartz. La cuisson est aussi meilleure que dans la poterie commune ; elle sonne déjà clair et sa consistance est relativement grande. La pâte, sauf de rares exceptions, est toujours noire et son engobe lustré, brillant, est de même couleur. C'est le trait particulier de cette poterie d'être recouverte, mais seulement sur les surfaces en évidence, d'un enduit noir, inaltérable qu'on prendrait pour un vernis et qu'on a appelé une glaçure (1). D'où viennent la pâte noire et l'engobe ? C'est une question qui n'est pas encore bien éclaircie. Cette poterie, qui servait surtout aux vases de petite ou de moyenne grandeur, se retrouve aussi dans des pièces d'un centimètre et plus d'épaisseur et dont la taille devait être en comparaison. Il y a cependant une poterie fine, qui paraît de même fabrication, et qui est de couleur rougeâtre avec un engobe aussi résistant et presque aussi brillant.

Cette poterie marque une époque qui voit l'apogée de l'art ; le potier est devenu un maître, et on reconnaît qu'il a épuisé toutes les ressources de son imagination dans la forme, les moulures et les dessins d'ornement. Le fond des vases diffère peu des précédents ; mais le fond plat, distinct, est le plus commun, tandis que le fond convexe, comme dans les vases primitifs en calotte, se retrouve dans les vases en tulipe. Dans ce type de légèreté, on aura sacrifié la solidité de la pose à l'élégance de la forme. Les fonds exhaussés et creux sont fréquents. Un modèle tout spécial et très rare est le fond porté sur de petits pieds (Pl. III, fig. 14) ou à fond mamelonné, qui est particulier aux sépultures des Pyrénées et dont un exemplaire a été trouvé en Suisse. Le nôtre a 9 pieds et 3 c. 5 de diamètre : ce type marquerait la fin du néolithique.

Les rebords sont droits avec une lèvre qui reste égale, qui s'amincit ou s'épaissit, se terminant par une surface biseautée ou arrondie. Les rebords incurvés ne sont pas rares. Les rebords renversés ont les mêmes profils que dans la sorte commune ; mais on en trouve qui sont peu développés et qui retombent à angle droit. Beaucoup de ces rebords ont leur lèvre profilée en un biseau formé de deux et même trois chan-

---

(1) Le mot est impropre au sens moderne, car ce n'est pas une couche vitrifiée, mais pour l'apparence il est juste et expressif et avec cette réserve on peut l'employer.

freins inégaux, d'un bon effet ; c'est le cas surtout des plats qui devaient être très communs.

Les vases en poterie fine étant généralement de dimension médiocre, les appendices pour la prise devenaient inutiles, aussi sont-ils rares. On trouve cependant quelques mamelons percés ; et une petite poterie porte un minuscule mamelon ayant la forme de selle déjà signalée (Pl. III, fig. 5). Le progrès toutefois est visible dans les anses qui sont ouvertes, légères, fixées au bord (Pl. III, fig. 9) ; il y a 5 spécimens de cette sorte qui ont le cachet moderne. Une anse singulière (fig. 11) avec des prolongements qui la fixent solidement, paraît former un passage de l'oreillette à l'anse véritable. On ne peut oublier une prise, qui remplace sans doute une anse brisée, c'est un trou pratiqué dans le rebord même du vase (Pl. III, fig. 10) après cuisson.

L'ornementation est aussi un des caractères distinctifs de la poterie fine ; on voit apparaître des motifs nouveaux de dessin et des moulures inédites. Le mélange harmonieux de la décoration et des profils en font un objet de luxe et peut-être d'importation. Les ornements s'étalent partout, sur le fond, à la carène de la panse, au col ; mais ce sont les plats qui sont le mieux lustrés et décorés. Dans ce cas, on observe un fait singulier : la partie en évidence est soignée à l'excès, tandis que le revers n'est même pas toujours lissé, ce qu'on n'observe pas dans la poterie commune qui est mieux traitée. On ne s'explique pas la négligence voulue du potier artiste, et ce fait laisse soupçonner des ouvriers étrangers, travaillant sur place plutôt qu'important leurs vases tout faits.

Les dessins sont faits de lignes quelquefois très fines, tracées avant ou après cuisson, et qui n'entament que la glaçure ; d'autrefois le trait est accentué. Partant du simple au composé, on trouve d'abord le chevron (Pl. IV, fig. 1), double ligne qui entoure le vase en se répétant plus ou moins, ou qui encadre d'autres motifs (fig. 6). Puis ce sont des séries de points et de traits (fig. 2 et 4), des traits obliques groupés en sens inverse (fig. 3). Ensuite viennent les figures géométriques : le rectangle (fig. 4 et 5) qu'on regarde comme caractéristique de l'époque du bronze ; la dent de loup (fig. 6) formée d'un trait ou d'un chevron brisé, dessin qu'on retrouve partout, soit simple, soit associé à d'autres (fig. 9 et 7). Tantôt elle est incomplète (fig. 10) ou faiblement indiquée (fig. 8), tantôt ornée de traits simples (fig. 11) ou de chevrons (fig. 12).

Les traits et les dents de loup forment aussi des combinaisons qu'on aimerait à suivre sur de grandes surfaces (fig. 13, 14 et 15). Enfin, le motif le plus décoratif est le groupe de lignes courbes concentriques d'une demi ou d'un quart de circonférence (fig. 16 et 18) se combinant quelquefois avec la dent de loup et l'arête de poisson (fig. 19). Ce genre d'ornement en lignes courbes rappelle la décoration intérieure de certains dolmens de Bretagne. Un dernier dessin, qu'on regarde aussi comme caractéristique de l'époque du bronze, est le rond double concentrique régulier (fig. 17) qui doit être l'impression d'une tête d'épingle. Il faut signaler à part des dessins obtenus au moyen d'un procédé singulier qui produisait par le grattage de la glaçure le contraste du brillant et du mat (Pl. IV, fig. 23). Il y a 5 figures différentes, celles qu'on reproduit est la plus compliquée.

Les moulures, faites avec beaucoup de soin, sont variées mais deux seulement sont figurées ici parce que la photographie seule pourrait en donner une juste idée. Il y a des surfaces ondulées, formant parfois des saillies en arête ; c'était un genre commun, passant par des gradations aux surfaces cotelées. Les côtes ont des variétés plus ou moins saillantes, fines, arrondies, serrées ou espacées ; elles se groupent comme les lignes pour former des dessins, les uns de traits droits (Pl. IV, fig. 22), les autres de lignes courbes comme le motif en rosace avec rayons en hélice (fig. 20) que des archéologues prendraient pour la figure du soleil. Il est vrai que les dessins symboliques paraissent avec le métal, aussi je signalerai un fond de vase où deux côtés se coupent en forme de croix. On verra dans le *Dictionnaire des sciences anthropologiques* (fig. 242) le beau vase entier en forme de calotte basse dont la panse est toute couverte de côtes, celui où le docteur Ficatier a cru voir des indices du tour.

On retrouve dans la poterie à glaçure les cordons pincés ; ils sont rares comme les vases de grande dimension dont ils étaient le renforcement et l'ornement à effet. Il y a trois spécimens différents ; et ils ont la légèreté et l'élégance que l'argile fine et une bonne cuisson peuvent donner ; dans un échantillon, on voit deux cordons l'un épais, l'autre mince, accouplés. On voit aussi quelques boutons plats comme dans la poterie commune ; mais, ce qui est plus rare c'est l'ornement en creux préparé pour un remplissage de matière blanche ou d'étain. Un spécimen de fusaïole figure une ligne de trous circulaire montrant encore de la poudre de chaux, d'os ou de coquille (Pl. III, fig. 13). Un autre spécimen (Pl. IV, fig. 21), en poterie bien lustrée offre des dents de loup incisées profondément sur un fond rugueux, sans trace de poussière ; aurait-il reçu une incrustation d'étain comme on en trouve au Bourget ? Ces essais de marqueterie primitive commencent dès l'époque néolithique pour progresser à l'époque du bronze et du fer (1).

III. *Céramique spéciale*. — Outre les vases grands et moyens qui servaient à tenir l'eau ou à conserver les provisions et les objets du mobilier, on trouve de petits modèles qui devaient avoir une destination spéciale ; deux spécimens entiers nous ont été conservés à Nermont. Le premier, en poterie commune, qui a été trouvé en place dans le caveau de la Fosse (Pl. III, fig. 17), est en forme de calotte basse avec une queue courte et plate. M. Cartailhac l'appelle un creuset de l'époque du bronze (2) ; d'autres y voient une poche, et M. l'abbé Breuil, une lampe. L'autre spécimen, en poterie à glaçure noire (fig. 20) est un godet d'une exécution parfaite et d'une forme que l'art romain ne renierait pas. Il porte une anse relevée et ajourée qui lui donne une assez grande ressemblance avec le spécimen des terramares d'Italie que l'Album de Mortillet a reproduit (Pl. XC, fig. 1095). On peut voir une lampe dans ce type minuscule et délicat.

Deux autres vases encore plus petits, et qui ne peuvent guère avoir été utilisés, sont en forme de calotte et d'une façon très grossière. L'un entier, de 2 cent. de hauteur (Pl. III, fig. 18) est percé d'un trou sur le côté de la panse. L'autre fragmenté (fig. 19), de même forme, portait deux oreillettes placées à des hauteurs différentes, ce qui ne s'explique pas dans une pièce utilisable : ce seraient plutôt des pièces faites comme jouets par des enfants ou pour des enfants.

Les miniatures de vases nous amènent à la cuiller dont la forme sinon la destination, ne peut faire de doute, car on croirait que le grand modèle ou poche, et le plus petit ont servi de type aux nôtres. M. de Saint-Venant (3) a relevé 650

(1) Chauvet, *Poteries préhistoriques à ornements géométriques en creux*, dans le *Congrès international d'anthropologie et d'archéologie préhistoriques*, Paris, Masson, 1902.

(2) En considérant le niveau très bas du dépôt on doit rapporter le spécimen au néolithique.

(3) De Saint-Venant, la *Cuillère à travers les âges*. Bull. 1898, cinquantenaire.

échantillons connus dont les 9/10ᵉ appartiennent au camp de Chassey (Saône-et-Loire). Pour nos grottes de Saint-Moré, il en compte 15 auxquels il faut en ajouter 4, une grande et trois petites de ma collection. Inutile de décrire cet ustensile, soit le petit modèle, (Pl. III, fig. 16) à queue d'aronde courte, et dans d'autres pointue, soit le grand (fig. 15) à queue large et creusée en gouttière ; toutes sont en poterie commune, fragile et presque jamais entières. Un spécimen, de la collection de l'abbé Poulaine, avec deux trous (Pl. II, fig. 22) à la base du cuilleron est à signaler. Un fragment de poterie très particulier, de la collection Ficatier, (un autre est au Musée d'Auxerre), criblé de trous et tout plat, rappelle les ustensiles servant à égoutter le caillé.

Dans cet inventaire de peuplades agricoles, nous trouvons à défaut des étoffes que la tourbe des palafittes à conservées, les volants ou pesons de fuseau qui servaient au filage du lin. Ce sont des disques de 3 à 5 c., en terre cuite plus ou moins renflés sur le dos, et percés au centre d'un trou où s'ajustait le bâton sur lequel s'enroulait le fil : le disque donnant le poids nécessaire pour faire tourner le fuseau. Ces objets se retrouvent dans les mobiliers romain et mérovingien, ils gisent sous les cendres de Pompéï, et, dans les campagnes de la région avoisinante, les fileuses s'en servent encore. En France, ils ont dû persister assez tard, car j'ai vu un peson globuleux en terre vernissée et décoré de sillons. Nermont a fourni environ trois douzaines de fusaïoles presque toutes en poterie commune ; j'en ai 2 cependant sur 10, en sorte fine à glaçure. Le plat ou dessous est généralement négligé, le dos est souvent creusé en cuvette ou porte une gorge ; il est décoré sur le contour de coups d'ongle (Pl. III, fig. 12) de pincements, de creux ronds qu'on a quelquefois remplis de terre blanche (fig. 13). Des archéologues ont pris ces disques pour des perles ou pour des boutons ; mais ce nom de fusaïoles leur est donné par la plupart des auteurs, et leur caractéristique est d'être d'une extrême variété de formes : on dirait que les potiers se sont ingéniés, comme pour les vases, à ne pas en faire deux semblables.

Notons enfin les perles en terre cuite qui sont rares ; elles se distinguent des fusaïoles par leur grosseur bien réduite, leur forme globuleuse et leur trou très petit. Des deux spécimens, l'un est en sorte fine à glaçure. On ne voit pas qu'il y ait passage des perles aux fusaïoles ; ce sont bien deux types distincts.

IV. La poterie primitive. — Les premiers essais de l'art du potier sont d'un grand intérêt, comme tout art qui est dans l'enfance et que l'on voit grandir. On constate que son évolution se fait dans la forme des vases et surtout dans leur ornementation, la fabrication technique restant la même jusqu'à l'époque du fer. On a des vases nombreux de toutes les provenances : camp de Chassey, grottes artificielles de la Marne, dolmens de l'Ouest et du Midi, palafittes de la Suisse, etc. Plusieurs archéologues ont tenté, avec ces matériaux, une classification de la poterie ; dernièrement des savants allemands ont établi des séries chronologiques ou régionales qui, sans être à l'abri de la critique, fournissent des aperçus frappants (*Manuel Déchelette,* p. 146, etc.).

Les grottes de l'Yonne auront peu contribué à ces études de céramique qui exigent, pour être sérieuses, deux conditions : l'intégrité des formes du vase et le niveau précis du gisement, ce qui est rarement le cas. La grotte de Nermont semble pourtant offrir le plus ancien type de fabrication dans ses vases en calotte d'une forme si archaïque et d'une série si uniforme. M. Salmon, dans son article *Poterie,* du *Dictionnaires des sciences anthropologiques,* a traité ce sujet avec les seuls documents du Nermont. Il trouve « sept pièces, dit-il, qui forment une série précieuse, chronologique dont aucun exemple ne paraît avoir été observé nulle part ». La remarque est exacte pour la série néolithique du début, mais celle du déclin, celle du bronze et celle de la transition du bronze au fer sont absentes ou à peu près. Il y a là une grande lacune ; on aurait voulu la combler en réunissant tous les spécimens récoltés dans les stations, soit conservés intacts, soit facilement reconstituables. Ils sont une quinzaine, tous à fond convexe, qui comprennent les vases de poterie commune et ceux de poterie fine presque tous de la sorte noire lustrée. La série I compte huit échantillons : n° 1 vase en calotte, de Nermont, cité plus haut ; n° 2 vase en calotte, de Nermont, cité aussi, tous deux de ma collection ; n° 3 de Nermont, Musée d'Auxerre ; n°˙ 4 et 5, de Nermont, collection Guignepied, à Saint-Moré ; n° 6, vase du Trilobite, de ma collection ; n° 7 vase de Nermont, assez soigné, collection Maison à Châtel-Censoir ; n° 8 vase conique, de la Roche-Moricard à Saint-Moré. La série II a sept échantillons : n° 1 en cône tronqué de la Roche-au-Larron, à Voutenay, poterie noire lustrée, collection Charlot à Voutenay ; n° 2 même mention ; n° 3 poterie lustrée rouge, de la Roche-au-Loup, à Merry-sur-Yonne, dans ma collection ; n° 4 vase à côte, poterie lustrée noire, de Nermont, ancienne collection Ficatier ; n° 5 vase en tulipe en poterie lustrée noire, des Fées, ma collection ; n° 6 en poterie ordinaire, légère, avec séries de traits, d'une sépulture par inhumation, à Mailly-la-Ville, échantillon détruit ; n° 7 vase lustré noir, de la Roche-au Barron, collection Charlot.

L'art.

Les grottes de l'Yonne sont en parfait accord avec les gisements de tous les pays ; d'après leur contenu, l'archéologue constate l'absence presque complète de l'art, après les brillantes manifestations de l'époque de la Madeleine. La grotte de la Cabane (*Bull.* 1898) a fourni une perle en terre avec des figures peut-être alphabétiques ; la grotte des Fées (*Bull.* 1903), trois os gravés à dessins géométriques ; la grotte de Nermont, un seul os formant pendeloque avec quelques traits sans régularité. C'est tout le bagage qu'il faut attribuer, je pense, plutôt aux âges du métal qu'à l'époque néolithique. Faut-il ajouter la représentation, peut-être symbolique, faite sur une poterie plate de Nermont qui n'est pas un débris de vase, et dans laquelle on pourrait voir le soleil ? (Pl. II, fig. 21).

L'époque néolithique.

Si les grottes de la Cure avaient été fouillées au début des recherches préhistoriques, on se serait heurté, en arrivant à Nermont, à une grosse difficulté. Partout ailleurs, en effet, les industries s'étagent régulièrement dans le remplissage. Le mobilier moustérien se place à la base, sur le plancher rocheux ou sur la couche d'alluvion ; puis viennent le magdalénien ancien (aurignacien de certains auteurs) le solutréen et le magdalénien récent. Or, voici qu'à Nermont, sur les alluvions mêmes, se trouvait un mobilier différent de ces derniers. C'est, si l'on veut, une sorte de magdalénien, mais avec des outils nouveaux : le tranchet, le retouchoir, la pointe de flèche, la pierre polie et une industrie nouvelle : la poterie. Et bientôt on voit paraître le métal. On aurait donc pu dire, en comparant ces trouvailles faites à des niveaux analogues, à ceux des autres abris, que des peuples de civilisation très différente avaient fréquenté les grottes à la même époque sans se mêler. C'eût été une erreur d'archéologue ; mais un géologue ne l'aurait pas faite en observant que, malgré les apparences concordantes de stratification, la faune de ces gisements n'était pas la même, preuve certaine que les remplissages n'étaient pas contemporains. L'origine de ces remplissages suffisait d'ailleurs à l'indiquer : les uns s'étant formés lentement des détritus des parois ; l'autre, celui de Nermont, provenant d'une irruption des détritus, de l'extérieur, pénétrant par les cheminées.

Nous voici donc, pour la première fois, dans ces études de grottes, placés en face d'un âge de la pierre d'un aspect tout différent de celui que nous connaissons. Ce n'est plus la même époque géologique, ni la même faune, ni la même industrie, ni le même genre de vie des populations. La face des choses a changé partout. L'époque quaternaire, à son déclin, nous a montré un remplissage très tassé de pierraille mélangée d'argile maigre, jaunâtre, calcarifère où la concrétion, qui est le produit de l'infiltration, manque totalement. La faune de ces derniers détritus s'est appauvrie des grandes espèces du régime humide, comme l'éléphant, le rhinocéros, etc., et n'a gardé que le cheval, le bœuf et le renne ; mais les animaux domestiques n'y paraissent pas. Les stationnements dans les grottes sont les seuls constatés ; ils étaient nombreux au début de l'époque, et il n'en reste que trois à la fin : on sent quelque chose qui s'éteint. C'est le mobilier classique de la Madeleine, exclusivement taillé, aux formes légères, sans tendance à la nouveauté. Il y a des productions artistiques de sculpture et de gravure, et l'homme est alors exclusivement chasseur. Tel est le tableau que présente dans la vallée de l'Yonne l'étude des grottes à l'époque quaternaire finissant, appelée encore paléolithique sous le rapport archéologique.

Le tableau des temps qui ont suivi ne lui ressemble pas. Le remplissage est d'argile rouge-brun, grasse, acide, mélangée de quelques grosses pierres et tranchant nettement sur l'autre. La concrétion calcaire, parfois abondante, formant des incrustations et des planchers, annonce le retour d'un régime humide. La faune est mixte, sauvage et domestique. Le renne, dernier survivant de la faune quaternaire, et le cheval, qui est de tous les âges, manquent complètement ; le cerf et le sanglier, qui étaient très rares, pullulent alors. Les os ont un aspect de fraîcheur qui contraste avec les autres. Les stationnements sont presque tous en plein air ; celui même de Nermont, malgré les avantages de ce bel abri, n'est pas considérable, on sent quelque chose qui commence. Le mobilier de silex est, au début, presque exclusivement taillé ; mais avec plusieurs types inédits, tandis que certaines formes de la Madeleine semblent persister (1). La pierre polie apparaît, et avec elle des instruments nouveaux, comme la hache. L'art des chasseurs de renne n'a pas laissé de traces, mais l'industrie du potier naît avec l'agriculture. L'alimentation est celle des peuples pasteurs, agricoles, chasseurs et pêcheurs.

Le monde est arrivé, alors à l'*époque actuelle,* de même régime atmosphérique que le nôtre ; il y a seulement exagération d'humidité, ce qui lui a fait donner le nom d'époque des tourbières (2). C'est la même faune, et c'est le même genre de vie qu'aujourd'hui, seulement dans sa plus grande simplicité. Comment s'est opéré ce changement d'un régime très froid et très sec, de la fin du quaternaire, au régime actuel ? Pour la première époque, nous suivons bien les phases, grâce à la présence de l'homme dans les cavernes. Les débris de faune qu'il nous a laissés, la nature du remplissage, les formes variées du mobilier, tout nous indique une évolution générale. Il n'en est pas de même de la transition de l'époque quaternaire à l'époque actuelle. Elle a dû, sans doute, être graduelle comme toutes les transitions naturelles, et pourtant elle se présente, dans nos contrées du moins, comme si le changement eût été brusque dans le régime, et comme si une immigration de peuples nouveaux s'était faite subitement. Il y a donc une lacune dans nos connaissances qui s'explique ici par l'absence de l'homme, qu'il y ait eu extinction ou départ des chasseurs de renne. Les grottes seront muettes plusieurs siècles, jusqu'au jour où la température redevenant clémente, la faune se repeuplera et l'homme pourra vivre en modifiant toutefois son régime alimentaire. On aurait des preuves d'une transition normale dans le Midi, et M. Piette a montré des couches de passage au Mas-d'Azil, mais c'est une exception. L'époque néolithique, au lieu de l'uniformité

(1) Il restera toujours un doute sur la présence de quelques pièces de la Madeleine, les burins, par exemple, parce qu'un mélange, impossible à reconnaître, a pu se faire.
(2) Voir dans : *La Seine aux temps antéhistoriques,* de Belgrand, le profil de la vallée de la Vanne, à Chigy.

et de la superposition des gisements du paléolithique, d'une facile classification, nous offre « un fouillis de races » ayant des établissements très variés et presque toujours juxtaposés, ce qui en rend la chronologie très obscure. Ces sont ces documents qu'il faut examiner succinctement pour avoir une juste idée de l'époque néolithique.

1. *Les Kjœkkenmœddinger* (mot danois signifiant rebuts de cuisine) sont de grands amas de coquillages comestibles qu'on trouve sur les côtes du Danemarck surtout et dont l'homme s'est nourri. Ils contiennent les ossements d'animaux sauvages de l'époque actuelle, et seul le chien représente la faune domestique. Le mobilier de silex comprend le tranchet, la lance, et quelques pièces polies ; la poterie primitive est connue. Ces dépôts annoncent des populations maritimes de chasseurs et de pêcheurs ayant un genre de vie particulier, mais de plus, la rareté des débris n'en donne pas une connaissance exacte. On les place tous au début de l'époque.

2. *Les fonds de cabane et les camps.* — La cabane a remplacé la grotte, et la fosse que le primitif a creusée pour son installation nous livre son mobilier. On a déjà une série nombreuse en France et en Belgique ; mais les fonds se présentent avec le silex exclusivement taillé, ou avec des outils polis, le tranchet étant la pièce caractéristique, avec ou sans l'os ouvré ; la poterie est tantôt grossière, tantôt fine et ornée, munie d'anses bien ouvertes. Partout la faune est rare. Le mobilier ne serait donc pas complet, et la variété s'y accuse déjà. Dans l'Yonne, on a signalé deux fonds de cabane : dans la grotte des Fées et à Bassou au bord de l'Yonne. Les camps, qui étaient des stationnements de durée, fourniraient un ensemble plus satisfaisant de mobilier. Or les uns ont la hache polie associée au tranchet et d'autres sont dépourvus de tranchet ; il y a les espèces domestiques. Les camps semblent annoncer un progrès sur les fonds de cabane. Le camp de Chassey (Saône-et-Loire) a fourni une riche collection au musée d'Autun. Dans l'Yonne, ils ne manquent pas ; le camp de Cora, le seul fouillé jusqu'ici, est de l'époque des métaux.

3. *Les ateliers de taille* tels que ceux du Grand-Pressigny (Eure-et-Loir) et du pays d'Othe (Yonne), sont des stations de raz-campagne, d'une aire très étendue et d'époques diverses. On pourrait déterminer des emplacements circonscrits où l'on trouverait une taille spéciale d'outils ; c'est tout ce qu'on en tirerait d'importants.

4. *Les palafittes* ou habitations lacustres de la Suisse et de la Savoie, et les *terramares* de l'Italie nous apportent les séries les plus complètes et les mieux conservées. Les stations sont innombrables, et on y saisit trois périodes qui marquent un progrès continu. C'est l'efflorescence de la vie pastorale et agricole. Mais la rareté des restes humains et des débris de faune ont fait regarder ces constructions sur pilotis comme des magasins, et l'on n'aurait peut-être pas tous les documents sur cette civilisation qui, de plus, est spéciale à une région.

5. *Les grottes artificielles* et *les dolmens* sont des abris funéraires établis dans des centres de population. Les premiers, découverts dans la Marne par M. de Baye, ont offert avec beaucoup de restes humains, un mobilier rare de tranchets, de pointes de flèche, de haches polies, de poterie très grossière. Une représentation humaine extrêmement défectueuse se voit sur les parois. Les dolmens ou chambres sépulcrales, quelquefois grandioses, ont parfois leurs parois gravées en Bretagne où le mobilier de haches polies et d'anneaux en roches étrangères est très beau, mais où la poterie est tantôt grossière et tantôt fine. Dans le Midi, le mobilier est plus varié et moins riche. L'ensemble de ces trouvailles ne représente guère qu'un mobilier funéraire, et tout ce qui est de la vie domestique nous est inconnu. Plusieurs dolmens ont été fouillés dans l'Yonne, mais leur mobilier se borne à quelques haches polies accompagnant les squelettes.

6. *Les grottes naturelles,* qui servaient, en grand nombre, d'abri aux Paléolithiques, ont été délaissées par les Néolithiques plus amis du grand air, les abris, d'ailleurs, ayant presque tous été comblés. Il est donc peu de stations bien définies ; elles occupent le sommet du remplissage, elles sont pauvres en mobilier, et le gisement, superficiel, est souvent remanié. Ce fait produit une confusion avec l'époque du bronze, car l'absence du métal ne dénote pas nécessairement une couche néolithique. Je ne sais pas s'il est un autre exemple d'une grotte comme Nermont, sans industrie quaternaire, et contenant à la base une couche néolithique primitive, sous plusieurs autres d'âge plus récent, pourvues de foyers importants et de nombreux restes de faune et d'industrie. Il y a aussi la grotte de l'Homme dont le caveau terminal est devenu un ossuaire.

Les matériaux ne manquent donc pas pour la connaissance de l'époque néolithique à tous les points de vue ; et quelle variété dans le choix des stationnements, dans le mobilier, dans les usages et dans les races. Et quel prodigieux développement dans ces populations, aux moyens pourtant si bornés. On plante des milliers de pilotis dans les lacs pour y installer ses demeures ; on élève des milliers de pierres, de dimensions parfois colossales, et l'on construit avec des blocs énormes des chambres sépulcrales. On pratique la pêche en bateau, même celle de la haute mer ; on s'adonne à la culture des terres et à l'élevage des animaux. L'industrie du tissage, l'art du potier, le travail des roches étrangères pour la parure, tout cela est cultivé, et le commerce en accroît les produits. Mais, d'un autre côté, les œuvres artistiques de l'époque précédente ont complètement disparu, et la guerre a fait son apparition.

La différence est saisissante quand on compare les chasseurs de renne avec les Lacustres et les Mégalithiques, comme on appelle les constructeurs des palafittes et des dolmens. C'est une civilisation nouvelle et tout autre qu'apportent ces derniers. Aussi, se refuserait-on à voir une série continue et apparentée dans cette suite de races aux mœurs si dissemblables. Seulement, la filiation, si elle existait, ne pourrait pas être reconnue alors que les Néolithiques sont dans leur plein développement ; il faudrait la surprendre au début. Mais quel est de début et comment saisir la transition ? C'est le problème. On est forcé, par suite du défaut de stratification des gisements de recourir à la logique et de classer chronologiquement les industries d'après leur perfection. Les observations faites à Nermont, où la stratification existe, nous en donnent d'ailleurs le droit.

Les gisements dits Rebuts de cuisine, les Fonds de Cabane, les Camps, avec leur simplicité d'outillage et de céramique, telle qu'on la constate à Nermont, marqueraient donc l'aurore de l'époque néolithique. Or, cela admis, les résultats obtenus dans la vallée de l'Yonne seraient contraires à l'évolution faite sur place telle qu'on croit la suivre dans le Midi. Ils nous montrent, par exemple, pour la faune : le renne et le cheval, animaux les plus abondants à la fin du quaternaire, disparaissant tout-à-coup ; puis le cerf toujours très rare dans cette même époque, devenant subitement commun. Pour le mobilier : les séries si caractéristiques de la Madeleine s'éclipsant en presque totalité, et l'art des chasseurs de renne restant sans le moindre indice de succession. On ne devrait pas objecter l'apparition simultanée de la poterie, du tranchet et de la pointe de flèche car elle marque un progrès dont les populations de la Madeleine étaient capables.

En résumé, Nermont nous apporte un ensemble de gisements assez régulièrement stratifiés, allant de l'époque néolithique aux temps historiques. Les deux premiers niveaux appartiennent à la pierre polie. Le niveau inférieur possède déjà, avec les vases en calotte, les pointes de flèche lancéolées ; les silex du type de la Madeleine, les tranchets, (Berthelot et docteur Ficatier) et même la hache polie en roche étrangère (Berthellot.) Le seconde couche n'est caractérisée que par une céramique plus perfectionnée, les autres particularités n'ayant pas été relevées.

Il y a donc quelque embarras à rattacher ce stationnement aux autres mieux connus. Le vase exclusivement en calotte, de facture très grossière parfois, lui est spécial. Les silex de tradition magdalénienne se retrouvent dans les palafittes ; les fragments nombreux de bracelets, indices de pendeloques, rappellent les grottes artificielles de la Marne. Le tranchet nous reporte au camp de Chassey (Saône-et-Loire) ; enfin, les pointes de flèches, toutes sans ailerons ni pédoncule, nous ramènent en Suisse. Ce sont ces dernières, selon toute apparence, qui indiquent le plus sûrement l'origine de l'industrie néolithique de Nermont. Les pointes de cette sorte (pointes en feuilles, à base rectiligne, convexe, concave) « sont rares, disséminées, exceptionnelles en France ; et à Chassey, centre de fabrication, elles sont bien inférieures en nombre aux pointes à pédoncules et bardelures. Dans les palafittes suisses, au contraire, « elles sont dans la proportion de 84 pour 100, d'après les acquisitions du Musée de Saint-Germain ». (de Mortillet, *Préhistorique*, p. 524).

C'est donc la Suisse qui aurait fourni la colonie néolithique des bords de la Cure ; cette opinion se trouve fortifiée par l'inventaire de la couche qui recouvre les deux premières et doit être attribuée à l'époque du bronze. Il est, en effet, très riche en haches polies dont plusieurs en roches étrangères, ce qui concorde avec les découvertes de la Suisse. Il offre, de plus, un spécimen caractéristique : le couteau de bronze, type lacustre.

On eut désiré d'autres documents de même ordre pour établir la certitude ; mais l'époque néolithique est assez pauvre dans la vallée haute et moyenne de l'Yonne. Une autre grotte, seulement, la Roche-Belin (*Bull.* 1904) a donné le tranchet. Cet instrument a été trouvé encore dans le camp de Cora, au bas du remplissage, et, non loin de là, avec le retouchoir, dans une station de plein air, à Saint-Père, il a été récolté aussi une fois ou deux dans les champs d'Arcy. Ce mobilier des débuts : tranchet, retouchoir, pic est abondant sur le terrain de la craie, dans le Sénonais où il devait y avoir des ateliers.

Quand on aura mentionné l'ossuaire de la grotte de l'Homme situé tout près de Nermont (*Bull*. 1905), le sujet sera épuisé, et les documents plus tard ne pourront plus venir que des stationnements de raz campagne toujours peu sûrs pour la classification.

L'époque des métaux.

A partir de l'époque néolithique, les phases de l'évolution se déroulent assez nettement. L'industrie de la pierre polie se laisse peu à peu pénétrer par le métal, le cuivre d'abord, puis par le bronze et enfin par le fer ; tandis que l'or, le plomb, l'argent, métaux secondaires, arrivent à leur suite. La classification alors est l'œuvre exclusive de l'archéologie.

L'époque du bronze est assez faiblement représentée dans la région des grottes, et tout fait supposer que des peuplades néolithiques reçurent le métal vers la fin seulement. Il y arriva, selon toute vraisemblance, avec la poterie fine à glaçure noire, de formes légères et gracieuses. On peut citer avec Nermont, comme stationnements abrités, la grotte des Fées. (*Bull*. 1903), celle de la Cabane (*Bull*. 1898) auxquelles on pourrait ajouter une dizaine d'autres grottes où cette poterie a été récoltée. Nermont, par sa poterie fine, gravée, moulurée, présente beaucoup de traits de ressemblance avec les stations lacustres de la Savoie et surtout avec la grotte de Vilhonneur (Charente). On peut voir au Musée céramique national de Sèvres la collection de l'abbé Delaunay, sortie de cette grotte où elle était associée avec la hache en bronze à talon, ce qui indiquerait le milieu et la fin de l'époque. On trouvera la même poterie, du lac du Bourget, au Musée de Saint-Germain-en-Laye.

L'époque du bronze est celle des cachettes de fondeur, car l'apparition de ce métal suppose un commerce d'importation. Le territoire d'Arcy nous fournit un document de cette nature : une cachette a livré de nombreuses haches à ailerons et à douille. (*Bull*. 1903, Grotte des Fées). C'est aussi l'époque des camps retranchés : il y en a deux surtout bien caractérisés dans la région.

Le camp de la Côte-de-Chair, où sont excavées les grottes, occupe le plateau sur 4 hectares environ. Il comprend une première enceinte de pierres amoncelées décrivant un demi-cercle qui aboutit aux escarpements et renferme le seul passage accessible de la grotte de Nermont. Une seconde enceinte, d'un quart de cercle, placée à distance de l'autre, fortifie son côté faible. (*Revue préhistorique* an. 3°, n° 4, p. 117). On n'y a trouvé que de la poterie primitive, des recherches sérieuses n'ayant pas été faites ; mais on peut penser que ce camp est l'œuvre des premiers occupants de Nermont en possession du métal.

Le camp de Cora au lieu dit : Villaucerre, près de Saint-Moré, à 2 kilomètres en amont de Nermont, est une colline très découpée et reliée au plateau par une langue de terre de 200 mètres. Cet isthme est fermé par un retranchement de pierres amoncelées de 30 à 45 mètres de largeur, à la base, et de 2 à 7 mètres de hauteur. Sur ce retranchement, s'élève une muraille flanquée de sept tours probablement de l'époque gallo-romaine.

Des recherches considérables ont été faites dans ce camp, de 20 hectares environ. On y a trouvé les vestiges d'un stationnement pré-romain, soit dans l'*agger,* soit sur d'autres points. Ce sont des galets, des meules primitives, des silex en grand nombre : éclats, nucléus, percuteurs, grattoirs, perçoirs, pointes de flèche en feuille. Il y avait des débris très nombreux de vases en poterie commune et de la sorte fine à glaçure noire, des fusaïoles, du bitume. Ce mobilier de pierre était associé à celui de bronze : lame de poignard, lance et pointe de flèche à douille, fibules, boutons, tiges d'épingle. On n'a trouvé que deux petits débris de tiges de fer. Les ossements assez abondants sont ceux des espèces actuelles sauvages et domestiques, et quelques ossements d'homme y étaient mêlés. Toutes ces trouvailles m'ont fait conclure à une occupation qui semble contemporaine de celle de Nermont pour l'époque du bronze pur et pour sa période de transition au fer (*Revue préhistorique* 2ᵉ année, novembre. Une notice très détaillée paraîtra prochainement dans le Bulletin).

Comme document, on pourrait enfin citer le petit ossuaire de la grotte de Crot-Canat dont il va être parlé et qu'on peut indifféremment placer à l'époque néolithique ou à celle du bronze.

L'époque des métaux se poursuit dans la région en offrant

quelques traces du mobilier hallstattien qui marque le début de l'âge du fer. Les tumulus sont nombreux mais peu riches ; l'un d'eux a donné la hache à douille, les autres sont généralement de l'époque dite marnienne. Il s'est produit un retard et comme une lacune aussi bien au début de l'âge du fer qu'à celui de l'âge du bronze. On ne saisit pas bien une suite normale et continue des industries ; mais pour l'époque du fer, mieux que pour celle du bronze, on a les preuves de centres de population.

LXXIV. — LA MAISON

C'est un beau groupe, vu à distance, que les trois grottes voisines qu'on appelle la Roche-Percée, Nermont et la Maison. La Roche-Percée, avec sa cage d'entrée évidée et comme plaquée au rocher d'où elle semble toujours près de se détacher, domine la vallée de 50 mètres. Un peu en aval, à 40 mètres, et à la même hauteur, s'ouvre la grotte de Nermont dont la façade largement développée est percée de deux grandes baies et couronnée de roches dentelées. Dans l'énorme pilier qui porte à ses angles rentrants ces deux grottes, au milieu, mais à 15 mètres plus bas une échancrure surbaissée indique la grotte de la Maison. C'est l'habitation, depuis 1886, du père Leleu bien connu des amateurs de bibelots et des touristes ; et le troglodyte de Saint-Moré ne dit jamais que « ma maison » ce qui est juste, toutes les autres cavités étant des grottes et celle-là seulement étant une demeure. Ce nom remplacera celui de la Colombine que les ouvriers ocriers lui avaient donné à cause du dépôt de guano de pigeons qu'ils y avaient trouvé.

La Maison se trouve à 32 mètres au-dessus du chemin de la vallée. On arrive par un sentier en biais, bien frayé, à une terrasse d'éboulis ; puis, au moyen d'une corde, on monte l'escalier taillé dans le roc sur une hauteur de 8 mètres. Ce passage est tout récent ; avant l'exploitation de l'ocre on arrivait avec difficulté à la grotte en suivant une saillie qui prend sur le sentier de la Roche-Percée. On a, de plus, aménagé la cavité pour abriter l'être humain qui devait surveiller le chantier jour et nuit. Aussi la grotte a-t-elle perdu son cachet pittoresque en se modernisant : un mur forme en partie le devant, une cloison avec porte clot l'entrée et un autre mur enferme le réduit de d'habitant des rochers. Si les préhistoriques la revoyaient telle qu'elle est, ils ne voudraient plus l'appeler une grotte, ils diraient dédaigneusement « la maison ».

Cette grotte se compose d'une petite salle assez régulière (Pl. 1, fig. 4) de 9 mètres de largeur sur 7 de longueur et 3 mètres de hauteur à l'entrée. Au fond, elle se prolonge en un couloir de 2 mètres de largeur qui se bifurque : le bras gauche après 4 mètres aboutit à un puits de 3 mètres de profondeur ; le bras droit a 12 mètres en pente et finit par une fosse. Le plafond de la grotte est corrodé, mais on n'y voit pas de cheminée ou de fortes diaclases comme ailleurs ; la cavité se trouve tout au sommet de l'étage oxfordien (Argovien). Les chercheurs d'ocre ne trouvèrent en devant aucun remplissage ; et il n'y avait sur le plancher rocheux qu'une cheville osseuse de corne de bœuf. Au contraire, les couloirs et les fosses étaient remplis d'argile et de pierraille et furent fouillés. J'ai tenu une seconde fois ces terres, et je n'y ai pas trouvé trace de silex ou de poterie, ce qui concorde avec les renseignements que le contre-maître, M. Charlot m'a donnés. Il n'y aura donc rien à dire de la Maison pour l'époque ancienne, son accès presque impraticable en aura éloigné le Primitif.

LXXV. — LA GROTTE DU CROT-CANAT

Cette grotte, bien connue à Saint-Moré des chasseurs de blaireaux, est située dans la Vallée-des-Vaux qui débouche dans la vallée de la Cure à l'extrémité Est de la Côte-de-Chair. Pour y arriver on prend, à Nailly, la route de Précy-le-Sec, et à 1.500 mètres environ, le deuxième chemin, à gauche, à partir du hameau. A 100 pas dans la côte boisée, on aperçoit, à droite, presque sur le bord, une butte de terre de déblai indiquant la place de la cavité qu'aucun escarpement ne signale.

La grotte est à 2 kilomètres de la Cure et à 30 mètres environ au-dessus de la vallée ; elle s'ouvre dans les premiers bancs de l'Oxfordien supérieur (Argovien) qui couronnent l'assise bathonienne des caillasses à silex (Callovien de certains auteurs) visibles dans la coupure de la route et dans les escarpements du tunnel, à 22 mètres au-dessus de la rivière. L'excavation, par suite du remblaiement des chasseurs et des fouisseurs, avait son entrée complètement obstruée ; on la disait pourtant très grande et « du temps des Cosaques » on y avait, dit-on, caché 400 feuillettes de vin !

Après avoir dégagé l'avenue qui, autrefois, sur 3 mètres devait être recouverte, on atteignait le seuil qui mesure 2 mètres de largeur sur 3 mètres de hauteur, et en avançant encore de 18 mètres, on reconnaissait que ces dimensions ne variaient que peu. C'est donc une galerie simple, un vrai souterrain de 1 mètre 50 de largeur, en moyenne, et 2 mètres de hauteur, que l'on voit se continuer avec la même uniformité en se dirigeant S.-N. déviant un peu à l'est ; mais elle est impraticable le sol terreux arrivant à 25 c. du plafond. Les parois de la grotte sont unies partout ; à la voûte, une faible diaclase, dans le plancher, légèrement incliné, une petite fosse, ce sont les seuls accidents que l'on remarque. Les surfaces sont sèches jusqu'à 15 mètres ; plus loin il y a quelques incrustations et stalactites, et le suintement continue.

Le remplissage se composait à l'entrée, sur 1 mètre 50, d'argile brune remaniée formant la couche supérieure. Mais le plancher était partout recouvert d'une couche très serrée d'argile jaune de 10 à 30 c. d'épaisseur qui contenait, vers l'entrée, sous la diaclase, de nombreux rognons et plaquettes de limonite formés quelquefois de lits alternatifs de minerai et d'argile. Vers 6 mètres, la couche jaune devenait plus épaisse, vers 12 mètres, le remplissage se modifiait brusquement : on trouvait encore l'argile jaune à la base avec nids de sable quartzeux jaune sur 20 à 30 c. puis une couche d'arène calcaire, de 60 à 80 c. recouverte de la terre brune sur 60 à 80 c. d'épaisseur. A 18 mètres, c'était la même composition, mais les débris animaux ayant disparu dès le douzième mètre, on arrêtait le déblaiement. L'arène était toute semblable à celle des pentes, mais elle contenait quantité de fragments à l'état de galets plats (*savonnettes usées* des ouvriers). Ces galets proviennent-ils de l'érosion accomplie dans la grotte même qui serait le lit d'un ancien cours d'eau souterrain ; ou bien des relais de rivière arrêtés sur les pentes ont-ils pénétré dans la galerie avec les arènes anguleuses par une crevasse ? il est assez difficile de le dire et sans doute plusieurs causes ont été en jeu.

Dans le remplissage brun et jaune, il y avait peu de pierres, ce qui indique bien que la grotte, une fois creusée par la corrosion ou par l'érosion et peut-être pour cette double action, a été réfractaire au phénomène détritique qui a comblé beaucoup d'autres grottes. Les deux couches de remplissage étaient fossilifères, et, comme ailleurs, le niveau brun supérieur contenait des débris de l'époque néolithique, et le niveau jaune les ossements de l'époque quaternaire.

C'est à l'entrée seulement que l'on a ramassé quelques morceaux de poterie primitive et découvert un petit ossuaire. Il y avait au seuil un cercle de pierres longues fichées en terre au milieu duquel reposaient sur des dalles le crâne de deux individus dont les os non soudés indiquent la jeunesse. L'un d'eux était en place, intact, l'autre avait été en partie promené par les blaireaux. D'autres ossements humains tibia, rotule, calcanéum, métatarsiens, vertèbres se trouvaient disséminés dans les terres. C'est un cas à ajouter aux stations néolithiques où l'on rencontre assez souvent de ces restes épars ; ici du moins on trouve une petite sépulture au second degré avec pierres debout que, faute de mobilier caractéristique, on mettrait indifféremment à l'époque néolithique ou à l'âge du bronze. Les restes d'animaux étaient fort rares, ils représentaient le chien, le cochon et la chèvre.

La mince couche jaune, tassée, à dépôt de limonite, était jusqu'à 12 mètres assez riche en ossements bien conservés et entiers ou cassés transversalement, il y avait fort peu de fragments en long comme c'est l'ordinaire dans les grottes. En voici la liste : *hyène*, crâne, partie postérieure, 1 canine, 1 molaire, 2 atlas ; *loup*, maxillaire inférieur ; *rhinocéros*, 2 atlas ; *cheval*, 6 molaires, 1 canine, 1 stylet, 1 astragale, 1 calcanéum ; *aurochs* ou *bison*, 1 molaire, 2 omoplates, 3 humérus, 1 cubitus, 2 radius entiers, 1 radius fragmenté, 1 tibia, 2 canons entiers, 2 canons fragmentés, 1 scaphoïde, 2 calcanéums, 2 phalanges ; *renne*, 3 fragments de bois ; *sanglier*, 1 métacarpien, 1 coxal et plusieurs os indéterminés. Au milieu de ces débris, on n'a trouvé qu'une lame de silex. L'absence de galets, de silex, de débris de l'ours fait penser que la grotte était une halte de chasseur et non un abri fréquenté.

La grotte du Crot-Canal présente un intérêt géologique, car elle paraît être un ancien canal souterrain de drainage des eaux semblable à ceux qui sont encore en activité dans la région, tel par exemple que le *bouillon* de Vaux-Donjon qui jaillit dans les grandes pluies et roule de petits galets calcaires. Il y a, de plus, le dépôt de limonite produit par d'abondantes infiltrations et qui doit être contemporain du dépôt de l'argile et de l'apport des ossements. Les débris de la faune nous ramènent à l'époque quaternaire encore pourvue des grandes espèces, et nous apprennent que l'homme connaissait la grotte et s'y était arrêté. Le petit ossuaire, qui s'ajoute à celui de la grotte de l'Homme rappelle par ses pierres fichées, établie en forme de cromelech, l'homme des Dolmens qui est venu jusqu'au pied du Morvan établir ses chambres sépulcrales (1).

LES GROTTES DU VAU-DE-BOUCHE

Sur la rive droite de la Cure, à Voutenay, s'ouvre un vallon profond, sinueux, boisé et sauvage qu'on appelle le Vau-de-Bouche ; il remonte d'abord dans la direction S.-O N.-E., vers Précy-le-Sec, puis, faisant un coude prononcé, dans celle du N.-O., sur un parcours de 18 kil. Le ruisseau qui le traverse, appelé aussi le ru du Moulin, commence à Athie, dans le Lias supérieur sur lequel il coule pendant 8 kil., alimenté par plusieurs ruisseaux. Arrivé à Lucy-le-Bois, il rencontre la zone mince, mais très fissurée du calcaire à entroques où il perd complètement ses eaux en été. Il traverse alors en largeur et en longueur la bande des calcaires de la Grande Oolithe, coulant dans un vallon encaissé qui devient parfois une gorge avec des talus de 80 à 100 mètres aux sommets escarpés. Le ruisseau reparaît, il n'y a guère à en douter, à la Grand'Fontaine de Voutenay, à 1.200 mètres de ce village.

Dans ce vallon qui, sur 10 kil. appartient à la Grande Oolithe, on rencontre à la même hauteur, au pied de la ligne d'escarpements, une série de grottes jusqu'ici ignorées, sauf celle de la Roche-au-Larron. On en compte 6 sur la rive gauche, dont 1 sur Voutenay, 4 sur Girolles et 1 sur Annay-la-Côte. Sur la rive droite, il y en a 2 sur Précy-le-Sec. Elles ont presques toutes fourni des renseignements qui doivent entrer dans une statistique du préhistorique.

On peut se demander quelles causes puissantes ont creusé dans cette assise particulièrement résistante de la Grande Oolithe un fossé aussi profond, alors qu'aujourd'hui le vallon est à sec la plus grande partie de l'année ? On remarquera d'abord la pente assez grande du thalweg qui donne aux eaux une allure presque torrentueuse ; puis le grand nombre de diaclases

(1) On a cité deux dolmens détruits, à Island et à Vault-de-Lugny : *Bull.* 1878 ; P. Salmon, *Dict. archéologique.*

qui sillonnent les roches et dont les grottes ne sont qu'un accident expressif ; enfin le placage sur les plateaux d'argiles et sables blancs, jaunes, rouges et de blocs de grés de l'Eocène, ainsi que des grès ferrugineux des sables albiens. Ce recouvrement, aujourd'hui disparu, est surtout la cause à invoquer, parce qu'il permettait aux eaux d'alimenter abondamment le ruiseau au niveau de l'Oolithe comme elles le font encore dans le Lias. Le phénomène d'érosion, maintenant insensible, s'exerçait alors d'une manière constante, puissante et souvent violente. Il n'existe plus, pour modifier quelque peu l'aspect du vallon, que les causes d'infiltration, de gel et de dégel, qui démolissent la surface des abrupts au pied desquels s'entassent les détritus. Il se forme un cordon continu de pierres de toute grosseur qui s'émiettent tous les ans, ce qui produit au sommet un recul de la bordure et par suite un évasement de la vallée auxquels correspond un remplissage des parties inférieures.

LXXVI. — LA ROCHE-AU-LARRON

C'est sous ce nom sinistre que la grotte est connue, et il doit y avoir des raisons pour cela. Les archers d'autrefois ont pu y venir traquer les malfaiteurs puisque dernièrement les gendarmes y montaient, non sans un brin d'émotion et bien inutilement y chercher les voleurs d'un coffre-fort. D'après le *Bulletin de la Société d'études* d'Avallon, 1888-89, un ermite y aurait élu domicile, et l'on conserve le souvenir d'un réfractaire sous Louis XVIII. La grotte a sa petite légende : j'ai entendu dire qu'elle se prolongeait jusque sous l'église de Voutenay, à 1.500 mètres de là ! ce qui n'est pas peu exagéré.

La grotte est facile à trouver, car son pilier rocheux émerge seul du bois, et du chemin de Précy on voit la tache noire indicatrice de l'entrée. Elle est à 3 kilomètres environ de Voutenay, vers la petite borne 47.2 de la route de Lucy ; on n'a qu'à traverser les prés et à monter la côte boisée, un petit sentier en lacet, qui tend à s'effacer, y conduit. A 65 mètres de hauteur on est au pied de la ligne de rochers qui s'élève là à 20 mètres en formant une corniche fendillée et déchiquetée : ce sont les bancs formant la base des caillasses à silex rubanés.

La Roche-au-Larron est le type de la crevasse rocheuse, ce

qui est surtout visible à son entrée mesurant 9 mètres de hauteur sur une largeur de 3 mètres qui bientôt tombe à 40 c. Le boyau s'élargit au milieu en donnant naissance à deux embranchements ; il a 30 mètres de longueur et se dirige N.-S. puis E.-O. Son plafond est très accidenté et offre des diaclases remontant jusqu'au sol supérieur, des dômes et des cheminées : c'est un curieux exemple de corrosion. Il n'est pas possible d'atteindre le plancher qui devient une fissure, sauf à l'entrée où une cuvette correspond à un dôme (Pl. I, fig. 5 et 6).

Le remplissage, peu pierreux, avait 3 mètres d'épaisseur en devant ; ailleurs il n'était que de 1 mètre 50 à 2 mètres. C'est à la base, l'argile jaune sableuse et quelquefois le sable blond, jaune, rouge mélangés et contenant des géodes cloisonnés de marmolite ; au sommet, sur 50 c., l'argile brune très grasse. Mais, par suite du ruissellement dans cette gouttière, la couche argilo-sableuse avait disparu par places et l'argile brune l'avait remplacée. De la sorte on voyait les débris d'animaux quaternaires collés aux parois de la gouttière, recouverts par cette argile qui contenait l'industrie néolithique.

Il y avait au Larron deux sortes de gisements, peu riches tous les deux, ce qui n'étonne pas dans une grotte tournée au Nord, étroite et peu saine. On y avait fait plusieurs fouilles d'amateur avant mon arrivée : les archéologues d'Avallon sont venus les premiers, en 1887, mais la courte relation du *Bulletin de la Société d'études* ne parle que de médailles et de débris romains, M. Gustave Guignepied est venu après et y a trouvé un moyen bronze de Postume, puis M. Claude Charlot, de Voutenay, ancien mineur, qui a récolté une petite collection assez intéressante. On y voit quelques dents d'ours, des molaires d'aurochs, un bois de renne portant seulement l'andouiller basilaire, il est assez plat et mesure 70 c. de longueur sur 5 c. de largeur, c'est le plus bel échantillon sorti de nos grottes. Il y a enfin une partie notable d'un crâne de cheval jeune, encore encroûté de l'argile jaune inférieure. C'est aussi la pièce la plus considérable de ce genre fournie par les grottes où les ossements de la tête sont très rares. On peut voir, sur les deux maxillaires supérieurs garnis de leurs dents, quelles molaires énormes avait le cheval quaternaire qui était de taille moyenne comme on l'a observé à Solutré. La collection n'offre rien du mobilier paléolithique, mais le néolithique est représenté par une perle plate et des poteries. Deux grands morceaux surtout permettent de reconstituer les vases : l'un, de la sorte fine à glaçure noire, a sa surface ondulée à l'intérieur et mesure 25 c. de diamètre et 14 c. de hauteur ; il a la forme d'un plat en cône évasé ; l'autre, en terre noire, avait 33 c. de diamètre et offrait un col posé sur une panse très renflée. Avec ces débris, on trouve la poterie gallo-romaine ; M. Charlot a découvert aussi la sépulture d'un individu, mais rien dans les renseignements ne peut en faire déterminer l'âge.

Mes fouilles n'ont guère consisté qu'à remuer encore une fois les terres sur toute la longueur ; mais en creusant plus avant que les autres j'ai pu retrouver la brèche ossifère en place et reconnaître le mode de remplissage. Les fragments d'os brunis par le manganèse et polis par le ruissellement ont un air de vétusté plus accentué que dans les autres grottes. Voici la récolte : *ours*, 2 incisives, 2 canines, 4 molaires, 1 fragment de mâchoire, 1 rotule, 3 métacarpiens, 1 phalange ; *cheval* ; 1 fragment de canon ; *renne*, 1 molaire, 13 fragments de bois, 1 calcanéum, 1 phalange ; *aurochs*, 1 molaire. La faune néolithique comprend le sanglier, le cerf et le mouton.

Le mobilier paléolithique se réduit à une lame de silex trouvée dans le sable ; le mobilier préhistorique récent comprend un anneau en bronze de 2 c. 5 de diamètre trouvé en place à 75 c. dans l'argile, et des débris de poterie des sortes fine et commune. Il y a des rebords renversés, incurvés et quelques ornements de côtes et de virgules ; il pouvait y avoir une vingtaine de vases. J'ai recueilli aussi 3 phalanges d'homme, sans doute de la sépulture notée plus haut. La poterie gallo-romaine et peut-être gauloise a fourni des rebords de sorte ordinaire et de faux samien ; on a trouvé deux médailles, grand et moyen bronze indéterminable, et enfin une balle de plomb.

Il y avait donc à la Roche-au-Larron, crevasse formée par corrosion et érosion, un abri de chasseur d'ours, à l'époque quaternaire et au moment même du dépôt sableux sous-jacent. Puis à l'époque de la pierre polie et du bronze, elle a continué à être visitée. Les Gallo-Romains l'ont connue, et pendant le moyen-âge elle a dû, son nom en témoigne, servir de refuge aux malfaiteurs.

LXXVII. — LA ROCHE-A-LA-LOUISE

On prend en face de la petite borne 47.6 le chemin du bois dit de la Louise et l'on voit sur le bord, à droite, au pied des escarpements une cavité connue sous ce nom. C'est un couloir de 7 mètres de longueur mais seulement praticable sur 3 mètres. Une fouille faite dans un remplissage de 75 c. n'a donné aucun résultat. La direction de cette grotte, contrairerement aux autres, est N.-E. S.-O. Pour visiter plus rapidement les grottes suivantes, on peut, par le chemin ci-dessus, gagner la ligne des replats qui longe les escarpements, et, en tenant compte des intervalles, trouver chacune d'elles.

LXXVIII. — LE GRAND SOUTERRAIN

Cette grotte que personne ne m'a indiquée et qui ne portait pas de nom se trouve en amont de la précédente, on y arrive en prenant le sentier qui est en face de la petite borne 48.3 et en faisant 40 pas à droite, au pied des escarpements. L'entrée, qui n'a que 2 mètres de largeur, s'élargit et forme un abri de 4 mètres sur 3 et 1 mètre 20 de hauteur. C'est la tête d'une galerie régulière, véritable souterrain, de 1 mètre 50 au plus de largeur, qui forme, à 10 mètres, une petite chambre et se continue sur une longueur indéterminée que l'on peut suivre jusqu'à 50 mètres environ, dans la direction S.-N. (Pl. I, fig. 7).

Lors de sa découverte, la terre arrivait à 30 c. de la voûte ; et comme il était impossible de brouetter, on s'est contenté de pratiquer une tranchée au milieu en rejetant les terres de chaque côté. L'abri a été fouillé jusqu'au sol rocheux ; il y avait 1 mètre 80 d'argile recouvrant des blocs de pierre engagés dans une gouttière du plancher. Partout on trouvait l'argile jaune ou rougeâtre presque pure avec une légère couche de terre brune par-dessus. Dans la chambre, formée d'un dôme, au plafond, et d'un puits, on est descendu à 2 mètres 20 et la sonde a touché le fond à 3 mètres. Le déblai devenant impossible, et le résultat étant plus que médiocre, on s'est arrêté là.

Il n'y avait aucun débris de faune, et le mobilier consiste en quelques morceaux de poterie façon néolithique ; il s'en trouvait partout, sans doute par l'effet des fouisseurs ; dans le puits, tout à fond, on n'a récolté qu'un pied de vase. C'est la poterie commune, parfois bien cuite ; il y a un mamelon percé, un fond plat, un cordon pincé, un morceau orné d'un gros pointillé et un seul morceau à glaçure noire.

LXXIX. — LE PETIT SOUTERRAIN

Cette grotte était connue des bûcherons, mais n'avait point de nom ; elle est située à 300 mètres de la précédente. On la trouve en prenant un sentier frayé en face de la petite borne 48.6 et en allant quelques mètres à gauche. Elle s'ouvre par un bel abri de 8 mètres de largeur et 3 mètres 50 de hauteur qui se prolonge en un couloir de 2 mètres 50 en s'élargissant et se coudant au milieu et se terminant en boyau à 26 mètres. Son remplissage était, sur 30 à 50 c., d'argile brune, sèche, recouvrant, vers l'extrémité, une couche mince d'argile jaune. Le plafond est assez curieux, percé qu'il est d'une quantité de petites cheminées en entonnoir qui se ramifient en formant des spirales décorées d'aiguilles et de draperies de calcite. Comme son voisin, le Petit Souterrain n'a donné que de la poterie façon néolithique de la sorte commune et fine à glaçure noire. D'après les rebords, il y aurait 6 vases brisés là ; comme partout, on a trouvé de la poterie gallo-romaine et de la poterie à côte, peut-être gauloise, et un carrelet ou flèche en fer.

LXXX. — LA ROCHE-AU-LIERRE

Cette petite grotte est ainsi appelée dans le pays, et se trouve à 200 mètres plus loin que le Petit-Souterrain ; on voit en face de la borne 48.8 un sentier qui y conduit en tirant un peu à droite. Elle est curieuse comme exemple de corrosion, formant deux compartiments séparés par une cloison excavée. La chambre gauche a 9 mètres de longueur, et son plafond est sillonné de plusieurs cheminées ; la chambre droite, de 14 mètres, a ses parois latérales percées de canaux par où s'est fait le ruissellement qui a formé à l'entrée un cône de déjection. La façade, largement ouverte, est décorée d'un lierre (Pl. 1, fig. 8) ; c'est un bel abri. On y voit, comme à la Roche-Percée de Saint-Moré, des plaques de grès spathique qui ont incrusté les parois ; ce sont les dépôts sableux tertiaires, existant autrefois sur le plateau, qui ont pénétré avec les infiltrations et formé ce revêtement quelquefois boursouflé comme un enduit de plâtre. Il n'y a de remplissage qu'au seuil de la grotte et la fouille qu'on y a faite n'a donné que 3 morceaux de poterie façon néolithique.

LXXXI. — LA CAVE DU CHAMP-DU-FEU

La dernière grotte de la rive gauche est au-delà du coude que fait le vallon au pied de la côte de Précy. Il faut aller à la borne 53 que l'on dépassera de 50 mètres pour trouver une ligne qui monte la côte Est du bois des Izigots, et c'est en face de cette ligne, sur l'autre bord de Vau-de-Bouche, à 60 mètres au-dessus du vallon, qu'on la découvrira dans les escarpements. On peut plus aisément la trouver en prenant le chemin des Bœufs qui monte à la ferme du Champ-du-Feu et en suivant à gauche une petite ligne qui longe des rochers pour arriver en face de la ligne indicatrice des Izigots. Cette cavité n'est qu'un petit couloir de 10 mètres de longueur et de 2 mètres 50 de largeur à l'entrée avec une hauteur de 2 mètres ; elle a une direction N.-S et finit par un boyau. Le remplissage, de 50 c. d'épaisseur, a donné quelques poteries de façon néolithique dont 2 rebords.

LXXXII. — LA ROCHE-A-L'AUTEL

En face de la Roche-au-Lierre, dans la côte boisée de la rive gauche, on peut trouver dans les broussailles, mais avec l'aide d'un guide seulement, cette petite cavité de quelques mètres où les gens ont vu une ressemblance d'autel dans un banc de roche. Il n'y a pas de remplissage et il suffit de la signaler.

LXXXIII. — LA ROCHE-A-LA-GRANGE

Du même côté, mais plus en aval, une vraie grotte excave les escarpements ; sa forme rappelle quelque peu une aire de grange, de là le nom qu'on lui donne dans le pays. On reviendra à la borne 47.6 qui indique le chemin de la Louise et on montera la côte peu boisée en cet endroit ; un petit cap rocheux la signale. La grotte forme un oval allongé, de 16 mètres de longueur et 6 mètres de largeur, qui se prolonge encore en un couloir impraticable. Son plafond est bas partout et ne dépasse pas 1 mètre de hauteur, seule l'entrée offre un abri plus élevé. On voit à la voûte deux diaclases latérales, et, au pied des parois, de nombreux canaux. On ne pouvait pas attendre grand'chose d'une grotte aussi incommode ; ce n'est en effet qu'au seuil, dans un remplissage de 50 c., qu'on a récolté dans deux petits foyers, l'un intérieur, l'autre extérieur, quelques morceaux de poterie façon néolithique et une petite masse informe de bronze. Il y avait aussi quelques débris de poterie gallo-romaine.

LXXXIV. — L'ABRI DU CAMP

Dans la Côte-de-la-Dame qui forme à l'est le versant boisé du camp de Cora, à 15 mètres environ au-dessus de la plaine, un peu au Sud du sentier qui conduit au camp, il y a un abri sous roche au pied d'un petit abrupt. Il mesure 3 mètres de largeur sur 3 mètres de longueur et 1 mètre 20 de hauteur. Une fosse ouverte du côté le plus sec sur 1 mètre de profondeur, jusqu'au plancher rocheux n'a fourni aucun indice de la visite de l'homme.

LXXXV. — LA GROTTE DE VEZELAY

En remontant la vallée de la Cure, en amont de son confluent avec le Cousin, on retrouve les mêmes assises de la Grande Oolithe que dans le Vau-de-Bouche, mais dans le niveau inférieur, plus marneux ; et les grottes n'y pourront être qu'un accident exceptionnel. Les statistiques en signalent une à Vézelay et elle existe ; il faut la noter, mais sans pouvoir assurer que dans son état actuel elle soit une cavité naturelle. M. Victor Petit, dans sa *Description de l'Avallonnais*, (p. 261) la cite comme « une curieuse carrière creusée et exploitée durant plusieurs années... qui mérite d'être visitée pour son aspect pittoresque et l'entassement d'énormes blocs de pierre ».

La grotte se trouve au Sud et tout près de la basilique de la Madeleine ; elle est excavée dans les bancs supérieurs assez résistants du calcaire à pholadomyes. Elle appartient au jardin de M. Dicquemare établi sur l'emplacement de l'ancienne abbaye dont on voit, à côté, les ruines du réfectoire du XIIe siècle. On descend une dizaine de mètres pour arriver sur le plancher de la grotte qui mesure 22 mètres de largeur sur 8 à 18 mètres de longueur et 3 à 6 mètres de hauteur. Sur la gauche on voit les bancs de roche dans leur position normale, mais partout ailleurs ils sont rompus, disloqués et offrent un aspect chaotique pittoresque. On remarque de nombreuses diaclases, et, dans la recoin à gauche, un boyau terminal. Dans les bancs bien éclairés qui font face à l'entrée, on observe un filon de calcite de plus d'un mètre d'épaisseur indiquant une ancienne fente verticale que les eaux d'infiltration ont remplie de cristaux.

Ces diaclases, ce boyau, ces blocs enchevêtrés et ce filon indiquent certainement des phénomènes de creusement par corrosion, et cette cavité a tous les caractères d'une grotte ; mais primitivement elle a dû former plusieurs petites cavités obstruées par des éboulis. L'établissement d'un carrière était de plus faciles, les bancs se trouvaient tout débités, et il n'était pas besoin d'employer la mine dont on ne voit pas trace. C'est ainsi qu'une salle unique s'est formée à la place de plusieurs petites.

Les filons de calcite sont assez rares, on en voit un dans les escarpements de Mailly-le-Château, qui paraît traverser tout le massif. Une cavité, la grotte des Cristaux s'est même formée dans son épaisseur. La dislocation des bancs et l'encheyêtrement des blocs se retrouve à la côte des grottes d'Arcy dans la Niche-d'en-Haut.

LXXXVI-LXXXVII. — LES CAVES DE FOISSY

La vallée de la Cure, en passant du calcaire jurassique au terrain granitique, rencontre au niveau de Foissy-lès-Vézelay, une bordure de roches dites grès d'arkose que l'on prend communément par une sorte de granit. Partout sur les rives encaissées, on voit courir cette bordure dont le signalement, de loin, ne trompe pas, tellement la roche est déchiquetée et excavée. C'est à cette formation qu'appartient l'arcade de la Roche-Percée de Pierre-Perthuis (1).

Ce terrain géologique, bien défini par M. Velain, consiste dans un épanchement de quartz calcédonieux qui, à l'époque triasique a pénétré le granit et consolidé les arènes de sa surface. Après son émersion, à la faveur des diaclases qui s'y sont produites comme dans le calcaire, les eaux d'infiltration ont dissocié cette masse peu homogène en décomposant le feldspath de l'arène. C'est ainsi que les abrupts d'arkose se sont creusés d'une multitude de cavités dont l'origine est la diaclase comme pour les grottes du calcaire, mais dont la formation ne peut être attribuée qu'à la corrosion du feldspath, la roche quartzeuse étant très peu soluble ; comme aussi à l'action de la gelée.

Les derniers affleurements de l'arkose se voient sur la rive gauche de la Cure, en aval et tout près du pont de la route de Foissy à Avallon. C'est là que se trouvent les deux grottes appelées dans le pays les Caves. Sur la rive droite, mais en amont du pont il y a aussi dans les abrupts, de 10 mètres de hauteur environ, des cavités de toutes sortes : surplombs, abris, couloirs, mais aucune grotte caractérisée.

La première Cave est à 10 mètres de la route et à 80 mètres de la rivière dans la ligne terminale d'escarpements qui se prolonge sur 20 mètres de longueur et 3 à 4 mètres seulement de hauteur. Son entrée, de 3 mètres de largeur sur 2 de hauteur, se trouve portée à 3 mètres au-dessus de la vallée par un cône de déjection. Cette butte provient d'un glissement des terres qui, du sol supérieur, ont pénétré par une cheminée dans la grotte; aussi, pour arrêter cette coulée, a-t-on élevé un mur à l'entrée ce qui a amené le comblement de la cavité. Les anciens disent que cette grotte est plus longue que sa voisine. Une fouille faite sous l'abri et poussée jusqu'à 2 m. de profondeur a donné un mélange d'éclats de silex et de débris de tuiles à rebords. Les silex proviennent du champ qui est au-dessus de la Cave ; quant aux tuiles on les voit en abondance dans deux endroits voisins où s'élevaient de villas près de sources salées.

Le seconde Cave est à 10 mètres plus loin que la première

(1) M. Stanislas Meunier, professeur de géologie au Muséum, a donné dans son ouvrage : *Nos Terrains* (Paris, Colin, 1898) une jolie chromolithographie de la Roche-Percée.

et située au niveau de la vallée ; c'est une petite galerie simple, humide, de 13 mètres de longueur sur 4 mètres de largeur et 2 mètres de hauteur. M. Destutt, juge de paix à Vézelay, y a fait quelques recherches infructueuses, m'a-t-on-dit. Une fouille pratiquée à l'entrée et au milieu, dans les détritus de 50 à 80 c. d'épaisseur, ne m'ont donné aucun résultat ; et dans les terres remuées on ne voyait pas le moindre débris d'os ou de poterie.

LXXXVIII. — LA RETRAITE

Du pont de Pierre-Perthuis, les escarpements dessinent en aval un cirque de 700 mètres environ aboutissant au cap de la Roche-Percée (1) lequel se dresse avec son arcade tout auprès de la Cure. Au printemps, du pied de la Roche, on a sur le village une vue pittoresque dont les touristes de l'automne n'ont pas l'idée. Cette bordure rocheuse, de granite et d'arkose, se déchire à 200 mètres de la Roche, et dans l'enfoncement, marquée par des broussailles, se cache une véritable retraite d'ermite. C'est une grotte assez saine, droite, de 12 mètres de longueur, 3 mètres de largeur et 5 mètres de hauteur à l'entrée. Elle finit en pointe. Son remplissage de 50 cent. de terre argileuse, fouillé sur plusieurs points, n'a fait voir aucun vestige de l'homme ou des animaux.

LXXXIX. — LA CAVE DU MOULIN GINGON

Le moulin Gingon, à 1 kilomètre en amont de Pierre-Perthuis, est un but de visite des touristes ; on y admire de beaux escarpements granitiques. Mais on ignore qu'à 500 mètres du moulin, à 100 mètres de la Grande-Roche, au lieu dit Fourneau-Guérin, au fond et au sommet d'une petite anse, à 50 mètres de hauteur, la corniche d'arkose est excavée d'une grotte assez spacieuse dont la façade, peu apparente, est disloquée. C'est une salle à contours sinueux, à parois percées de bouches de cheminées, qui mesure 10 mètres de longueur sur 7 de lar-

---

(1) Voir note précédente.

geur et 3 de hauteur à l'entrée. On voit plusieurs diaclases, et les gouttières ne sont pas rares, ce qui indique une grotte humide quoique tournée au midi. Il y a un épais remplissage d'argile jaune en devant qui sert de terrier aux lapins. On y a trouvé assez profondément le squelette d'un chien et quelques débris d'une poterie peut-être gauloise.

XC, XCI, XCII. — LE GROUPE DU RUISSEAU DE MENADES

Un peu en amont de la dernière grotte, la Cure reçoit le petit ruisseau de Menades qui arrose un vallon encaissé, pittoresque, le vallon solitaire du poëte. Il est creusé dans la granulite que couronne, comme ailleurs, la bordure d'arkose morcelée et parsemée de piliers et de roches éboulées. On trouve tout au sommet trois petites cavités qui sont à signaler à titre de curiosités.

La première, l'*Abri* sous roche, est une cavité de 7 mètres de largeur, 4 de longueur et 2 de hauteur. On y voit la diaclase dirigée S.-E. N.-O. ; les parois sont comme un blocage. Il y a un médiocre remplissage sur un côté seulement.

La deuxième cavité, la *Cave*, située plus loin, s'enfonce dans un pilier haut de 6 mètres, déchiqueté au sommet et corrodé sur toutes ses faces. Une ouverture haute et large de 80 c. donne accès dans une chambre de 6 mètres de longueur et de 2 mètres au plus de largeur. Sur le côté un couloir de 6 mètres traverse le rocher et sort à l'opposé ; il s'y trouve une cheminée où l'on peut se tenir debout. Il y a du remplissage terreux abondant, mais l'exiguité de la grotte a fait penser que l'homme n'a pas dû en faire un abri. L'arkose offre ici au géologue une étude intéressante sur la disposition de la barytine rose qui injecte en réseau toutes les fissures de la roche et lui donne une apparence de granulite.

La troisième cavité, la *Cabane*, à 100 mètres plus loin, a la forme d'un dolmen avec sa table reposant sur deux piliers isolés. Son abri a 5 mètres de largeur, 3 mètres de longueur et de hauteur. Il n'y a aucun remplissage.

XCIII. — LA GROTTE DE GUETTE-LOUP

Les dernières grottes de la Cure, en amont de Pierre-Perthuis, se trouvent près du village de Cure où les grès d'arkose sont très développés et traversés de quelques filons de plomb argentifère. On a tenté l'exploitation de ces gîtes, et l'on voit encore le puits et la galerie qu'on a creusés. (*Statistique géologique,* p. 250). Ces grottes sont sur la rive droite, dans l'anse profonde que décrit la rivière en aval de Cure, au sommet, comme toujours, des escarpements. Pour y arriver, on prend l'ancien chemin d'Usy, et, vers la croix, on suit à gauche un chemin dont, après 300 pas, se détache un sentier bien frayé qui conduit au « Puits d'argent ». On passe devant la fosse, et 10 mètres plus loin on trouve la grotte dite de Guette-Loup qui mesure 9 mètres de longueur sur 4 de largeur et de hauteur. C'est une cavité naturelle, à parois rugueuses, fissurées, située à environ 40 mètres de hauteur, avec une belle ouverture. Un sondage dans une cuvette remplie de perraille n'a donné aucun résultat.

XCIV. — L'ABRI DE GUETTE-LOUP

A 20 mètres plus en aval, en suivant le pied des escarpements, on arrive à un rocher formant un cap dans lequel s'ouvre, à l'Est, un abri sous roche de 14 mètres de largeur, 7 mètres de longueur et 3 mètres de hauteur. Comme dans les cavités calcaires, on voit des cheminées, des fours, et les parois sont polies. Le côté Est est sec, et dans son remplissage de 30 c., on a trouvé un fragment de tuiles à rebords et un morceau de poterie primitive.

XCV, XCVI. — LES GROTTES DU COUSAIN

La butte de Montmartre, aux portes d'Avallon, commune de Vault-de-Lugny, attire l'attention du voyageur, par son sommet arrondi, boisé, se détachant des collines voisines (357 m.) Il porte les ruines d'un temple du Haut-Empire dédié à Mercure dont on peut voir au Musée d'Avallon, les statues et autres vestiges. Il a fourni, autour de ses fontaines, des témoignages de l'occupation de l'homme préhistorique.

Cette butte offre à l'Est une ligne d'escarpements appartenant à l'étage des marnes de Vézelay (*Statistique géologique*). D'en bas, on distingue quatre piliers assez rapprochés les uns des autres, et dans le deuxième au Sud, les habitants vous signalent la *Cave-au-Loup,* qui, dit-on, irait jusqu'à Domecy ! C'est une petite grotte qui s'ouvre au-dessus d'un ressaut de 2 mètres, formant une galerie retrécie au milieu, de 13 mètres de longueur et 2 mètres de largeur au plus. A l'entrée, une cuvette de 60 c. de remplissage a donné un rebord de vase probablement romain.

Il y a une autre *Cave-au-Loup,* mais elle est située sur la rive droite, en amont du bourg de Vault-de-Lugny, au lieu dit les « Chaumes de Pontaubert ». Le grès d'arkose commence à se montrer au ruisseau de la Papeterie et forme une ligne de petits rochers dont l'un est excavé. On y voit une petite chambre de 8 mètres de longueur, 6 mètres de largeur et 2 de hauteur. La voûte est sillonnée d'une diaclase, et il y a une ouverture sur le côté. Elle est humide sauf à l'entrée. Une tranchée faite en devant, à l'endroit sec, dans un remplissage de 30 cent. d'argile et de pierraille, n'a révélé aucune trace de l'homme. Il y a toujours lieu, pour les cavités de l'arkose, de soupçonner un travail intentionnel fait en vue de rechercher la galène ; mais l'aspect des parois où se montre l'action des eaux souterraines suffit à vous éclairer.

XCVII. — LA BAUME D'AVALLON

Une grotte, qui aurait été détruite, m'a été signalée un peu en amont de Pontaubert au-dessous d'Orbigny, rive droite du Cousin. Mais en remontant cette vallée étroite et très pittoresque, on arrive, près d'Avallon, à un moulin établi à côté des Iles-la-Baume. Ce nom de Baume est synonyme de grotte dans le Midi et dans l'Est, et il est venu jusqu'en Bourgogne ; à Bois-d'Arcy, une cavité sèche s'appelle la Baume percée. On pourrait donc se demander si ce lieu dit n'indique pas l'existence d'une grotte, malgré le silence de la tradition. On voit, au bout de la Passerelle-des-Gardes, une coulée de grosses roches de granit qui forment en trois endroits des abris ou cavités dont l'une, plus grande, a 3 mètres de longueur sur 2 mètres de largeur et de hauteur. Comme je n'ai pas trouvé de grotte dans l'arkose de la vallée, je serais porté à voir « la Baume » dans cette cavité formée par les éboulis et servant d'abri.

LES GROTTES DU SERAIN ET DE L'ARMANÇON

Le nombre des grottes diminue en allant vers l'Est du département, ce qui tient à la nature des calcaires que traversent les vallées, car elles ne rencontrent pas, comme dans l'Ouest, le faciès particulier du Corallien inférieur si favorable aux cavités. C'est ainsi que la vallée du Serain ne contient que six grottes de peu d'importance, et la vallée de l'Armançon, trois seulement dont une de quelque étendue.

XCVIII. — LA MAISON DES FÉES

La grotte la plus en amont de la vallée du Serain est la *Maison des Fées,* de Marmeaux, ainsi qu'on l'appelle dans le pays ; elle a été signalée par M. Ernest Petit sous le nom de grotte des Fées dans le Bulletin de 1859.

Elle est située dans le vallon du rû de Marmeaux, à 1 kilomètre environ du village, en amont, passé l'endroit où il fait un coude vers le nord, et tout près d'une fontaine dite de Saint-Martin aujourd'hui captée. La grotte est excavée dans la ligne de petits escarpements très fissurés du calcaire à entroques (Bajocien). C'est une petite chambre, à entrée étroite, traversée par une diaclase Sud-Nord et mesurant 3 mètres de longueur, 4 de largeur et 2 de hauteur. Son remplissage, qui était intact, comprenait 60 c. de pierraille et 60 c. de terre argileuse rougeâtre, mêlée de quelques grosses pierres. La moitié seulement a été déblayée à cause de la rareté des débris et du peu de solidité de la voûte. On a récolté quelques morceaux de poterie primitive dont un rebord : c'était donc un abri très peu fréquenté.

XCIX, C, CI. — LES ROCHES CREUSES DE VILLERS-TOURNOIS

De l'Isle-sur-Serain à Civry, en aval, on voit la bande des escarpements du Bajocien encadrer la vallée en formant souvent des corniches, des surplombs et des pentes. Mais sur le territoire de Civry, rive droite, dans l'anse profonde de l'ancien moulin de Villers-Tournois, une bordure continue sur 200 mètres de ces calcaires est excavée de deux grottes assez spacieuses. Elles sont à 40 mètres environ de hauteur au pied des abrupts de 10 mètres d'élévation.

La première, en amont, a 12 mètres de longueur, autant de largeur au fond et 2 mètres de hauteur à l'entrée ou 1 mètre 30 au milieu. Son entrée s'ouvre à l'Est, mais les diaclases sont S.-O.-N.-E. Elle forme deux chambres séparées par un étranglement, et se compose de trois couloirs débouchant sur la façade abrupte et d'un autre couloir transversal, de 7 mètres, à son extrémité. Il y a de petits puits au pied des parois et des cheminées à la voûte. De place en place il y a de petites cuvettes contenant du remplissage de cailloutis sec. J'ai trouvé à l'entrée un foyer et les rebords de 13 vases de poterie primitive, commune, puis de 2 vases de poterie fine à vernis noir. Il y a 4 morceaux qui ont des dessins de points, de lignes, de creux, de côtes. A noter aussi une fusaïole fragmentée, semi-globuleuse, de 3 c. 5 de diamètre. Dans le couloir terminal, où le sol a été remué, on voit beaucoup de morceaux de poterie, mais les ossements sont rares. Une inscription sur la paroi : « Bidault 1891-93-94 » est le nom d'un archéologue de l'Isle qui, m'a-t-on dit, a fouillé. La grotte, d'après la présence de la poterie noire, serait de la transition du bronze au fer. On a récolté enfin 2 morceaux de poterie, probablement gallo-romaine.

A 50 mètres en aval, on rencontre une autre grotte qui montre plusieurs diaclases S.-N. et mesure 15 mètres de longueur, 5 de largeur, et 2 de hauteur. Elle paraît intacte, mais elle n'aurait pas été très fréquentée. Une fouille sommaire dans le bon endroit a donné seulement 3 morceaux de poterie primitive.

Une troisième grotte m'a été indiquée par M. Marcel Bidault de l'Isle, en amont, et qui, fouillée par lui, a fourni des poteries primitives, une pointe de flèche en silex, en feuille, et une autre en bronze.

CII, CIII. — LES GROTTES DE GRIMAULT

Le Serain, en face du village de Grimault, dessine deux anses profondes dans le Bathonien qui forme en amont une ligne d'escarpements très résistants. Dans la seconde anse, à

1 kilomètre en aval du bourg, sur la rive gauche, on voit de loin une tache noire sur la surface des abrupts, c'est la *Grande-Gueule*. La grotte, excavée dans un rocher de 10 mètres de hauteur, se compose de deux petites salles ayant 10 mètres de longueur, 6 mètres de largeur et 5 de hauteur à l'entrée. Il y a plusieurs cuvettes dans le plancher et un étage de sous-sol, mais le remplissage a disparu. M. Marcel Bonneville l'a signalée en l'appelant « néolithique » d'après la présence de la poterie, ce qui n'est pas suffisant.

Une autre grotte sans nom que j'appellerai le *Couloir*, se voit à 500 mètres en aval dans la même ligne de rochers. C'est une galerie étroite formée comme l'autre de deux chambres de 16 mètres de longueur et de 2 à 4 mètres de largeur et 2 mètres 50 de hauteur. Il y a un remplissage insignifiant.

CIV. — L'ABRI DE LA GARENNE

Il faut maintenant aller jusqu'à Poilly, entre Noyers et Chablis pour trouver une cavité, et elle est des plus modestes. C'est une niche de 2 mètres de longueur et de 1 mètre 50 de largeur et de hauteur; mais c'est la seule que l'on rencontre dans le Corallien supérieur.

CV. — LA GROTTE DU LARRY-BLANC

La vallée de l'Armançon offre des grottes dans le calcaire bathonien qui traverse le Serain à Grimault, mais dont le faciès est différent. C'est en effet, un calcaire blanc, tendre ou demi-dur qui forme les collines de Nuits et de Ravières où se trouve excavée la grotte de Cry dite du Larry-Blanc. Un larris ou larry est une lande montueuse, dit Godefroy, dont le nom, du vieux français, est conservé en Bourgogne avec le sens de pâtis pour les moutons, et c'est bien la signification qu'on donne dans le pays à ce nom qui est commun. La grotte a été signalée par la *Statistique géologique* comme ayant 40 mètres de longueur, 1 mètre de largeur et une hauteur moyenne de 6 à 7 mètres, mais l'ouverture en est très étroite. Elle a été découverte en 1815, et elle renferme des stalactites. Le *Dictionnaire d'histoire naturelle de d'Orbigny*, article de J. Desnoyers sur les Grottes, 1868, la représente comme ayant le caractère

« d'une grotte à ossements et d'une retraite de l'époque antéhistorique ».

Cette grotte n'est plus visible, car il s'est ouvert au-dessus une grande carrière dont les déchets ou *cavaliers* ont recouvert l'entrée d'une nappe très épaisse. Mais, du moins, il faut en fixer la place, car le souvenir s'en perdra. La rivière forme une anse large au milieu de laquelle s'élève le village de Cry, et juste au Nord de ce lieu, mais sur la rive droite, on voit figurer, sur la Carte du service vicinal, une grande carrière qui est celle du Larry-Blanc. C'est là, m'a dit le maître carrier, que se trouve la grotte située à 2 kilomètres de Ravières sur le chemin des carrières qui longe l'Armançon. Elle s'ouvrait à 20 mètres environ au-dessus de la rivière qui à cet endroit baigne la côte, et sa direction serait S.-O N.-E.

CVI, CVII. — LES CROUTES DE FULVY

C'est le nom que l'on donne, à Fulvy, à des grottes qui ont été signalées comme pouvant être d'anciennes carrières par la *Statistique* et le *Dictionnaire de d'Orbigny*. Ce nom, dans nos pays, est synonyme de cavité, de creux qui se disent crot ou crou. Au moyen-âge, les grottes (cryptes) de Saint-Germain d'Auxerre sont dites *crottæ*. Ailleurs les noms de Crout, Croux, Crotte, Creute sont assez fréquents. Le dernier désigne les grottes artificielles de l'Aisne, creusées dans la craie et formant plusieurs villages actuels.

Les deux grottes de Fulvy se trouvent sur le bord de la route de Villiers-les-Hauts, en face de l'extrémité du mur de clôture du château, près d'une maison, au lieu dit l'Ermitage. La plus grande forme trois chambres s'étendant sur 30 mètres de largeur, au sud, 15 mètres de longueur et 1 mètre 50 de hauteur. L'autre est une salle unique, de 20 mètres de longueur sur 10 de largeur et 2 de hauteur. Ces cavités sont dirigées S.-E. N.-O., traversant la route pour finir brusquement ; elles auraient des analogues dans le clos du château. Des fouilles faites à l'entrée qui était presque obstruée m'ont fourni seulement quelques morceaux de poterie probablement romaine. J'ai trouvé en des endroits des preuves certaines d'exploitation, en d'autres des indices de parois naturelles. On pourrait dire que des cavités préexistantes ont servi ensuite de carrières. Tout près de là se trouvait l'ancienne *Merula*, aujourd'hui Méreuil, où passait la voie romaine ; de plus un Ermitage, dont on voit la chapelle en ruine, du XIII° siècle, s'élevait tout à côté. Cela expliquait l'existence de carrières dans ce calcaire bathonien de roche dure en dalle et en plaquette.

OBSERVATIONS.

Les 35 grottes qui viennent d'être décrites forment la dernière série des grottes de l'Yonne. Il ne reste plus que la Grande grotte d'Arcy à présenter, c'est la plus remarquable par ses dimensions, ses dépôts de toutes sortes et ses canaux de dérivation, mais non pas ses gisements préhistoriques. Il faudra compléter les études qu'on en a faites et les mettre au point. On aura alors passé en revue les 107 grottes du département auxquelles on devra ajouter une vingtaine d'autres, des départements de la Nièvre et de la Côte-d'Or, pour avoir le bassin de l'Yonne au complet.

On a signalé un peu partout, dans le Sénonais en particulier, des excavations que le catalogue de Lucante appelle des grottes : à Marsangis, Chaumont, Montacher, Thorigny, Cerisiers, Verlin, Marchais-Beton, Saint-Aubin-Châteauneuf, Guerchy, Argentenay, Gland, Sennevoy-le-Bas. On pourrait en ajouter d'autres, comme à Ligny-le-Châtel mentionné dans le « Congrès scientifique d'Auxerre, » 1858. Mais la grotte proprement dite s'entend d'une excavation accessible et recouverte d'un toit ; et ce n'est pas le cas des galeries ou cavités ci-dessus qui sont des pertes de ruisseaux appelées abîmes, où des canaux profonds de dérivation auxquels on arrive par des puits, ou enfin des fosses et puisards naturels quelquefois fossilifères.

Le *Dictionnaire archéologique* de Salmon (p. 165) indique deux grottes à Argentenay, sur les dires de M. Le Maître, de Tonnerre ; Lucante en marque deux à Gland et à Sennevoy. Or, les renseignements puisés à la source ne font pas connaître de *caves* dans ces pays, selon le nom que l'on donne aux grottes. Mais on y montre des fosses naturelles dont plusieurs ont été vidées. « J'ai signalé, dit J. Desnoyers, dans le *Dictionnaire de d'Orbigny* (p. 725, 1888), sur les plateaux de Sennevoy-le-Haut et de Gland des crevasses profondes diversement ramifiées dans la direction S.-N., crevasses et puisards remplis de minerai de fer pisiforme dans une argile ocreuse, dans lesquelles on a trouvé rhinocéros, éléphant, cerf, bœuf, cheval, recueillis par mon fils aîné alors directeur des forges d'Ancy-le-Franc ».

La description des grottes de l'Yonne, faite à tous les points de vue, est disséminée dans les *Bulletins de la Société des sciences,* depuis 1893. Pour les archéologues et les amateurs, la recherche de ces documents est difficile, et la lecture assez pénible. On songe à classer et à condenser toutes les notices dans un *Catalogue analytique des grottes* qui contiendra toutes les références.

Ce sera l'occasion de présenter une étude d'ensemble succincte des cavernes en les groupant d'après leur âge de gisement, comme aussi de faire l'historique des découvertes et enfin d'aborder la question de chronologie qui doit être comme le couronnement des travaux.

TABLE DES MATIÈRES

	Pages
LXXII, LXXIII. — La grotte de Nermont et le Souterrain, Néol., Bronze, Fer, Gallo Romain, Mérovingien, Homme............	1
L'époque néolithique, l'époque des métaux.......................	41
LXXIV. — La Maison	50
LXXV. — *Le Crot-Canat* (1), Madel., Bronze, Sépulture..........	51

GROUPE DU VAU-DE-BOUCHE

LXXVI. — *La Roche au Larron*, Madel., Bronze, Gallo-Romain, Homme	55
LXXVII. — *La Roche à la Louise*..................................	58
LXXVIII. — *Le grand Souterrain*, Bronze	58
LXXIX. — *Le petit Souterrain*, Bronze...........................	59
LXXX — *La Roche au Lierre*, Bronze............................	59
LXXXI. — La Cave du Champ-du-Feu	60
LXXXII. — *La Roche-à-l'Autel*,..................................	60
LXXXIII. — *La Roche-à-la-Grange*, Bronze	60

GROUPE DE LA CURE

LXXXIV. — L'abri-du-Camp...................................	61
LXXXV. — La Grotte-de-Vézelay	61
LXXXVI, LXXXVII. — La Cave-de-Foissy, Gallo-romain.........	62
LXXXVIII. — La Retraite......................................	64
LXXXIX. — La Cave-du-Moulin-Gingon, Fer....................	64
XC, XCI, XCII. — L'Abri, la Cave, la Cabane-du-ru-de-Menades..	65
XCIII. — La Grotte-de-Guette-Loup	65
XCIV. — *L'Abri-de-Guette-Loup*, Fer, Gallo-Romain............	66
XCV. — *La Cave-au-Loup*, de Montmartre	66
XCVI. — *La Cave-au-Loup*, de Pontaubert.....................	67
XCVII. — *La Baume*, d'Avallon................................	67

(1) L'italique indique le nom donné dans le pays.

GROUPE DU SERAIN

XCVIII. — *La Maison-des-Fées*, Fer............................ 68
XCVIX, C, CI. — Les Roches creuses de Villiers-Tournois, Bronze. 69
CII. — La Grande-Gueule, CIII, Le Couloir (Grimault), Bronze ou Fer.. 69
CIV. — L'Abri de la Garenne............................ 70

GROUPE DE L'ARMANÇON

CV. — *La Grotte-du-Larry-blanc*............................ 70
CVI, CVII. — *Les Croûles*, de Fulvy, Gallo-romain............ 71

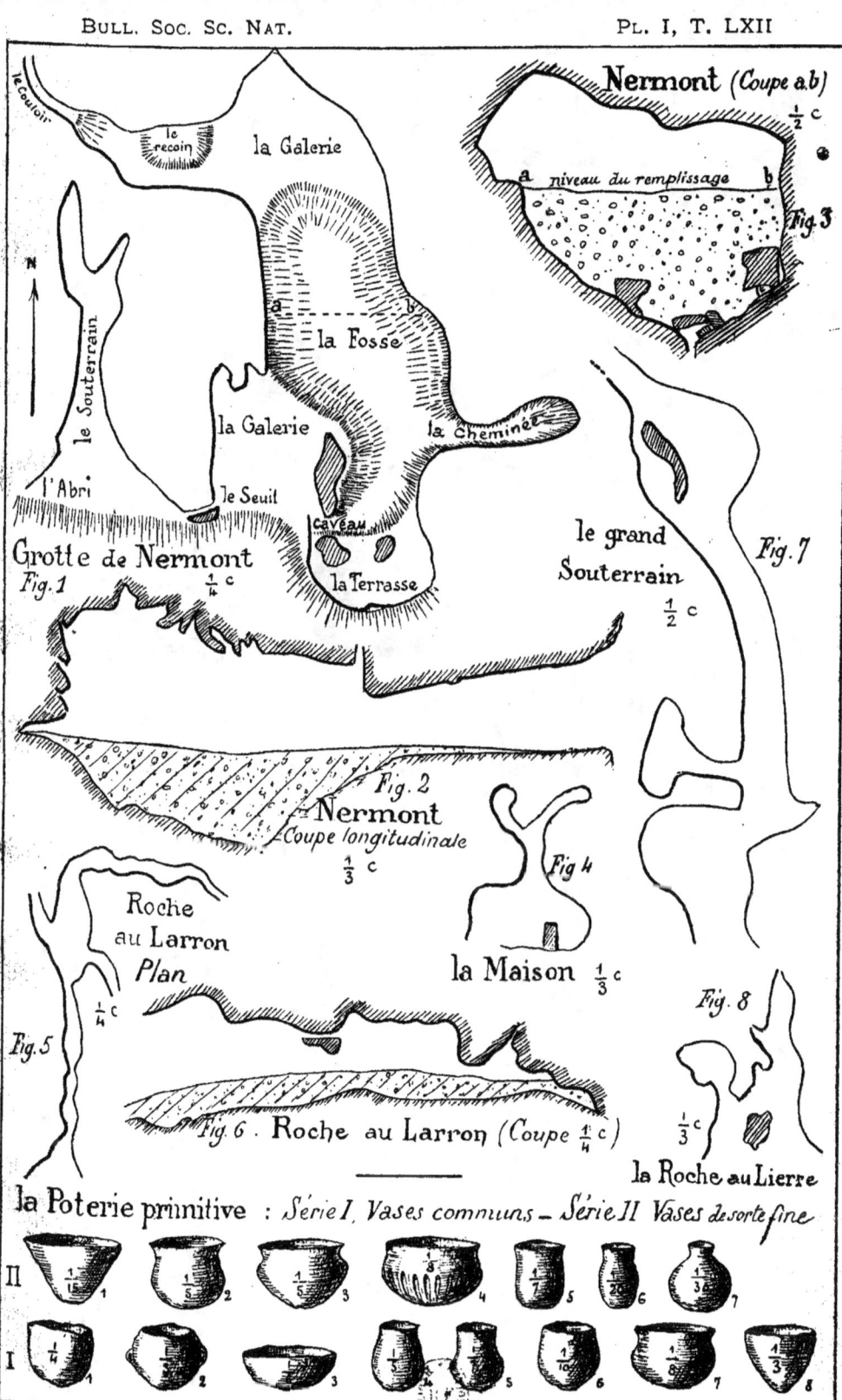

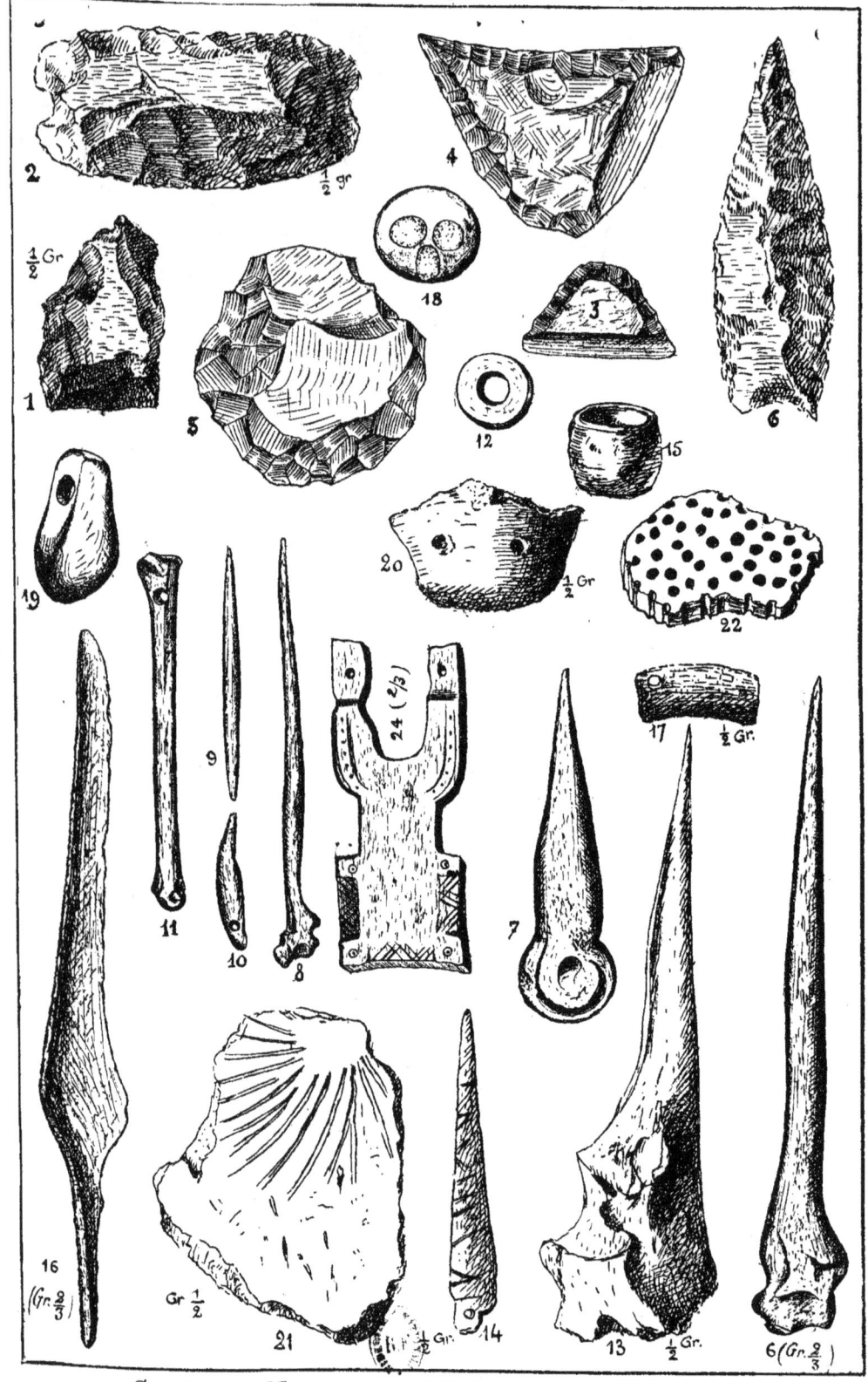

Grotte de **Nermont**. Mobilier de pierre et d'os.

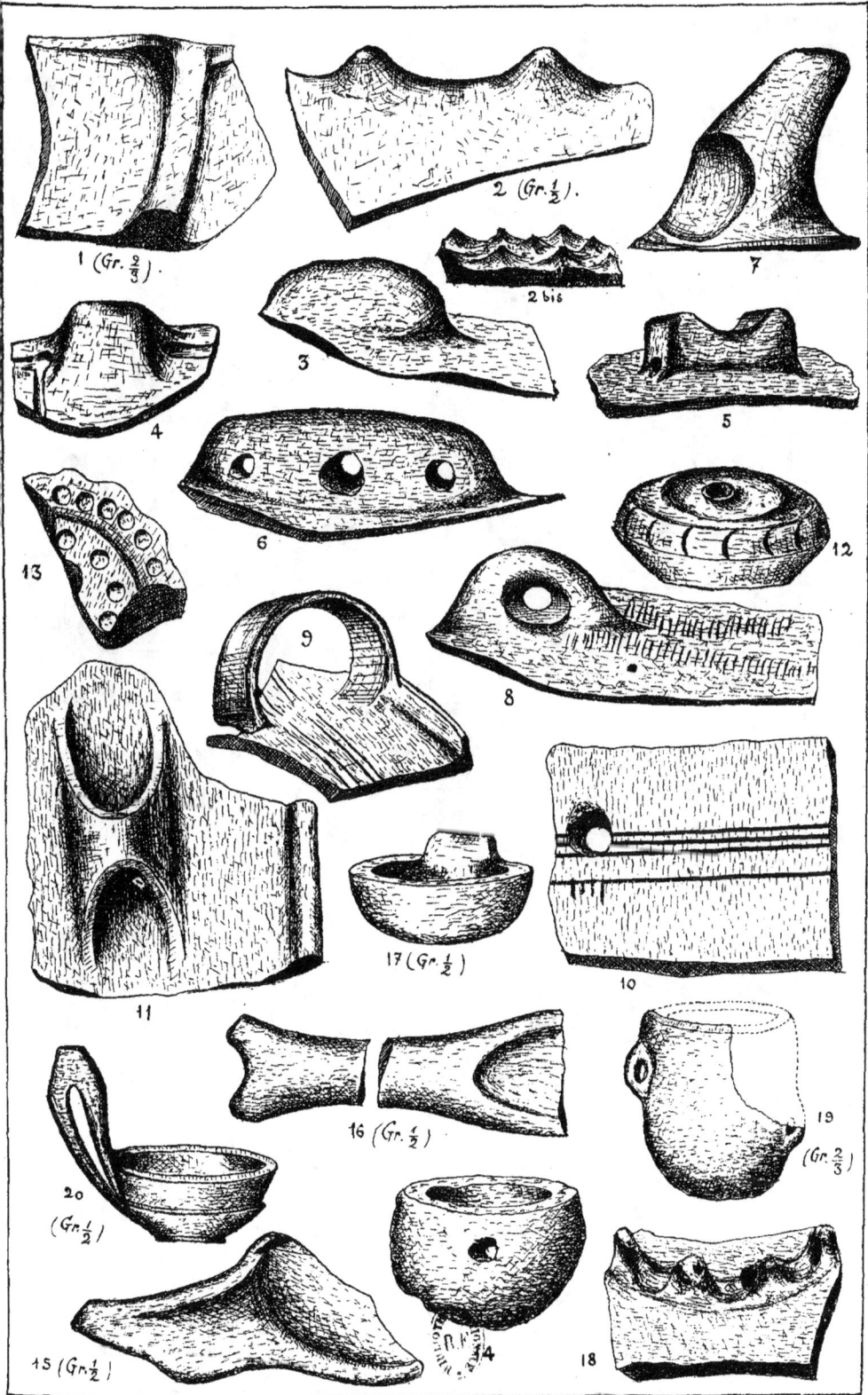

GROTTE DE NERMONT. Anses variées, fusaïoles, cuiller, vases.

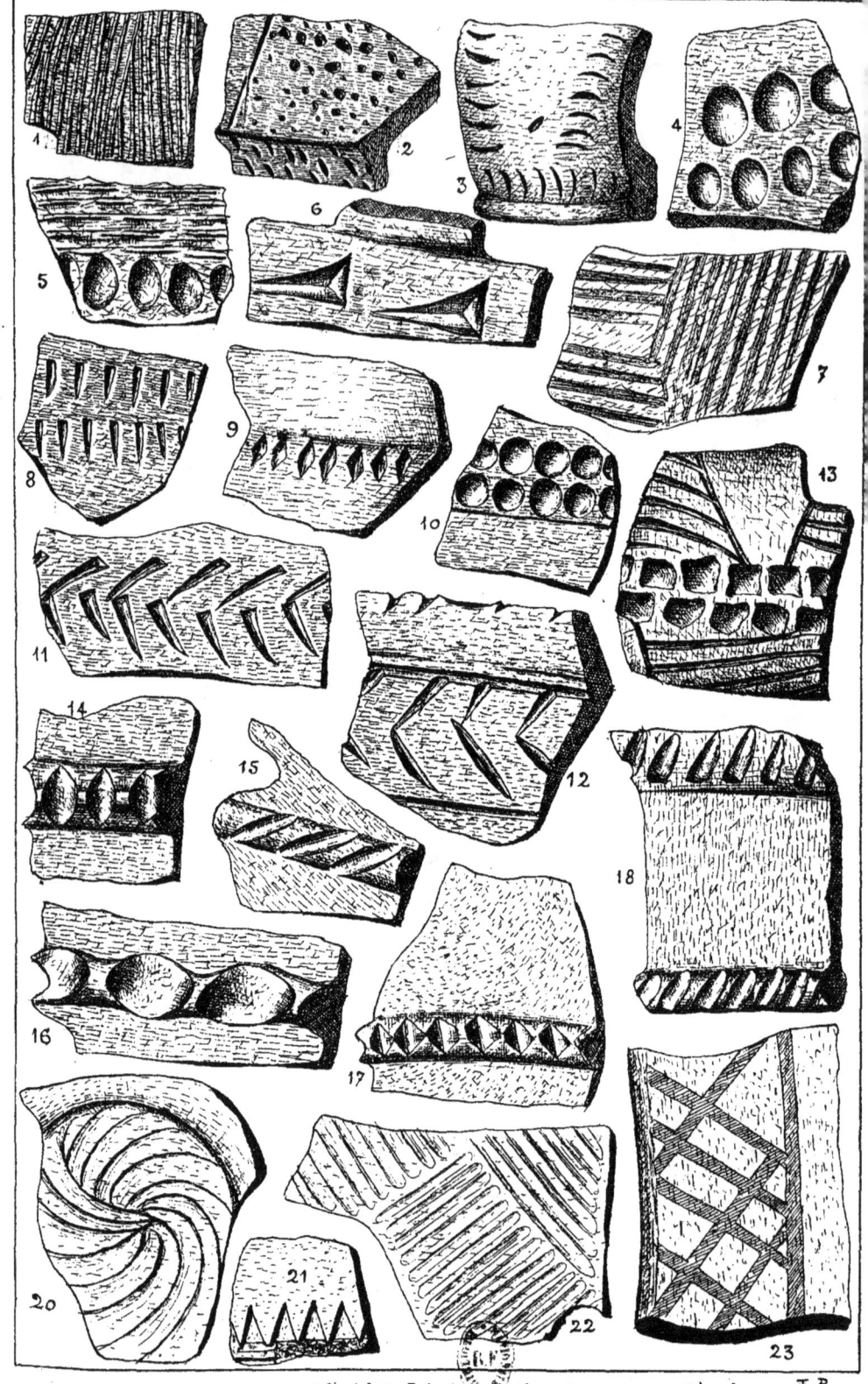

GROTTE DE NERMONT. fig. 1 à 18 : Poterie grossière et commune décorée.
— 20 à 23 — fine à glaçure noire

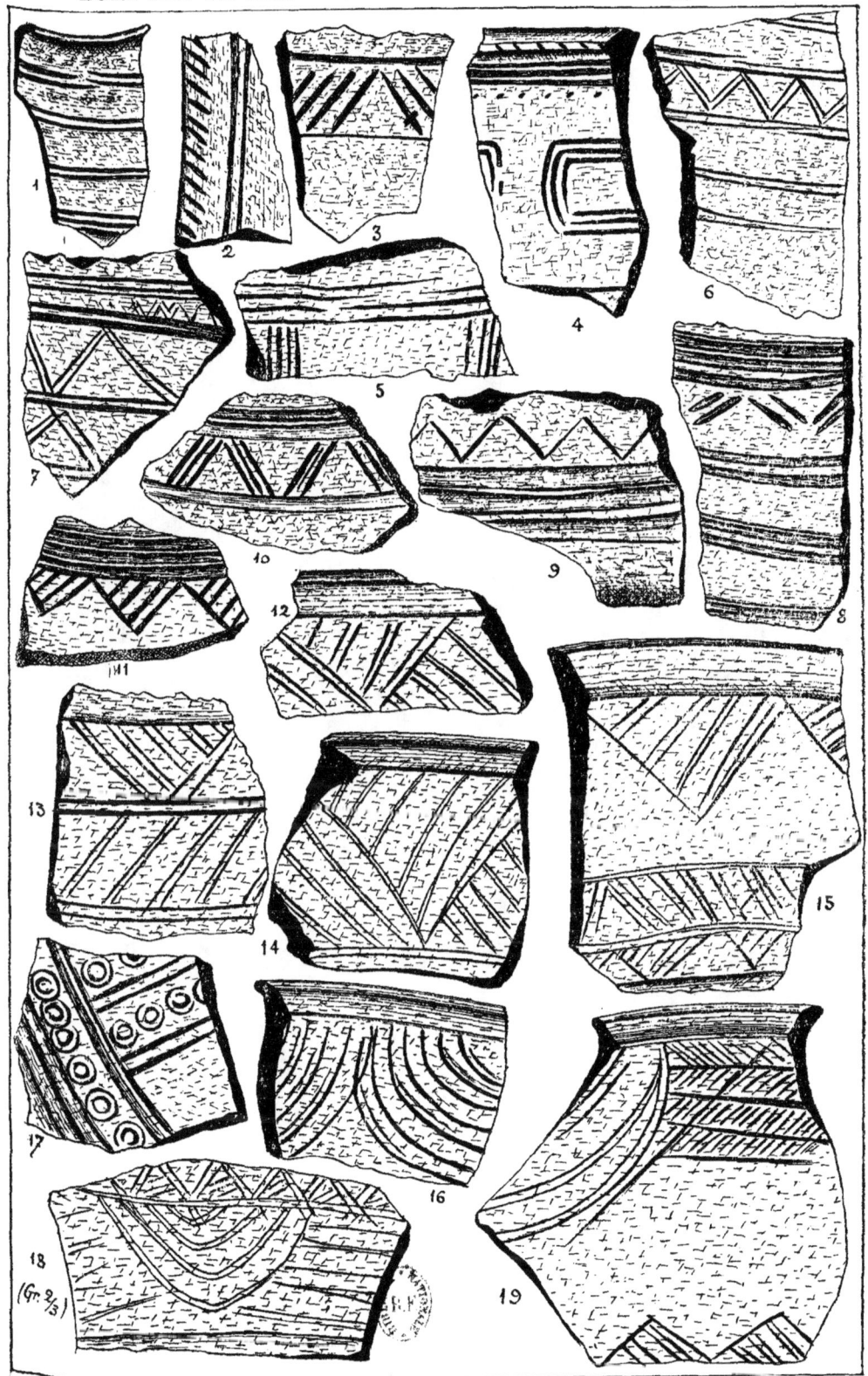

GROTTE DE NERMONT. — Poterie fine à glaçure noire décorée.

www.ingramcontent.com/pod-product-compliance
Lightning Source LLC
LaVergne TN
LVHW020959090426
835512LV00009B/1973